Arthur L. Smith
Die „vermißte Million“

Schriftenreihe der Vierteljahrshefte für Zeitgeschichte Band 65

Im Auftrag des Instituts für Zeitgeschichte

Herausgegeben von

Karl Dietrich Bracher, Hans-Peter Schwarz, Horst Möller

Redaktion: Norbert Frei und Hans Woller

R. Oldenbourg Verlag München 1992

Die „vermißte Million“
Zum Schicksal deutscher Kriegsgefangener nach dem Zweiten Weltkrieg

Von Arthur L. Smith

R. Oldenbourg Verlag München 1992

Aus dem Englischen
von Hermann Graml

Die Deutsche Bibliothek – CIP-Einheitsaufnahme

Smith, Arthur:
Die "vermisste Million" : zum Schicksal deutscher Kriegsgefangener nach dem Zweiten Weltkrieg / von Arthur L. Smith. [Aus dem Amerikan. von Hermann Graml]. – München : Oldenbourg, 1992
(Schriftenreihe der Vierteljahrshefte für Zeitgeschichte ; Bd. 65)
ISBN 3-486-64565-X
NE: Vierteljahrshefte für Zeitgeschichte / Schriftenreihe

Gesamtherstellung: Hofmann-Druck Augsburg GmbH, Augsburg

ISBN 3-486-64565-X

Inhalt

Vorbemerkung

Zweck dieser Studie ist es, zuverlässige Informationen über das Schicksal von einer Million deutscher Kriegsgefangener zu liefern, die nach dem Ende des Zweiten Weltkrieges nicht mehr nach Hause zurückgekehrt ist und von den Angehörigen bis heute schmerzlich vermißt wird. Notwendigerweise wird ausführlich über die schlimmen Zustände berichtet, die 1945 in amerikanischen Gefangenenlagern herrschten, über Zustände, die – was die amerikanische Regierung nie offiziell zugegeben hat – eine erhebliche Anzahl vermeidbarer Opfer gefordert haben und die eben deshalb eine Schändlichkeit im Verhalten des amerikanischen Militärs darstellen. Obwohl also die Untersuchung derartige amerikanische Verantwortlichkeiten nicht bagatellisiert, gilt ihr Augenmerk aber doch vor allem der Frage, was mit jenen deutschen Gefangenen – rund eine Million – tatsächlich geschehen ist, die bis zum heutigen Tag als vermißt geführt werden müssen.

Ein Teil des verwendeten zeitgenössischen Materials stammt von Personen, die damals ohne angemessene Bildung oder Ausbildung waren, was zu sprachlichen Irrtümern und zu Schwächen im Ausdruck geführt hat; in Zitaten und in den vorgelegten Dokumenten werden solche Fehler nicht korrigiert.

*

Es drängt mich, an dieser Stelle zum Ausdruck zu bringen, wie sehr ich die Unterstützung zu schätzen weiß, die ich während der Arbeit an diesem Buch gefunden habe. Sie kam in Gestalt von Ermutigung, von Ratschlägen, von Antworten auf viele Fragen und vor allem von Hilfe bei der Suche nach Quellenmaterial, das für das Thema relevant war. So danke ich von Herzen Maria Schuster (Bad Kreuznach), Marion Engbarth (Mönchengladbach), Hans Peter Kürten (Remagen), Klaus Schäfer (Andernach), Hans Zahn (Bingen), Erwin Mörsen (Rheinberg) und Marion Seltmann (Sinzig). Besonderer Dank gebührt Bruce Siemon und Steven Gehring, die mir wichtige Dokumente zur amerikanischen Kriegsgefangenenpolitik zur Verfügung stellten. Die Studie wäre nicht ohne die Anregung entstanden, die mir Josef Henke vom Bundesarchiv Koblenz und Norbert Frei und Hans Woller vom Institut für Zeitgeschichte München gaben. Dem Institut und der School of Natural and Social Sciences der California State University, Los Angeles, schulde ich auch Dank für materielle und finanzielle Hilfeleistung.

Die Verantwortung für die Darstellung der Fakten und die vertretenen Interpretationen und Schlußfolgerungen liegt indes bei mir.

Pasadena, Kalifornien

Arthur L. Smith

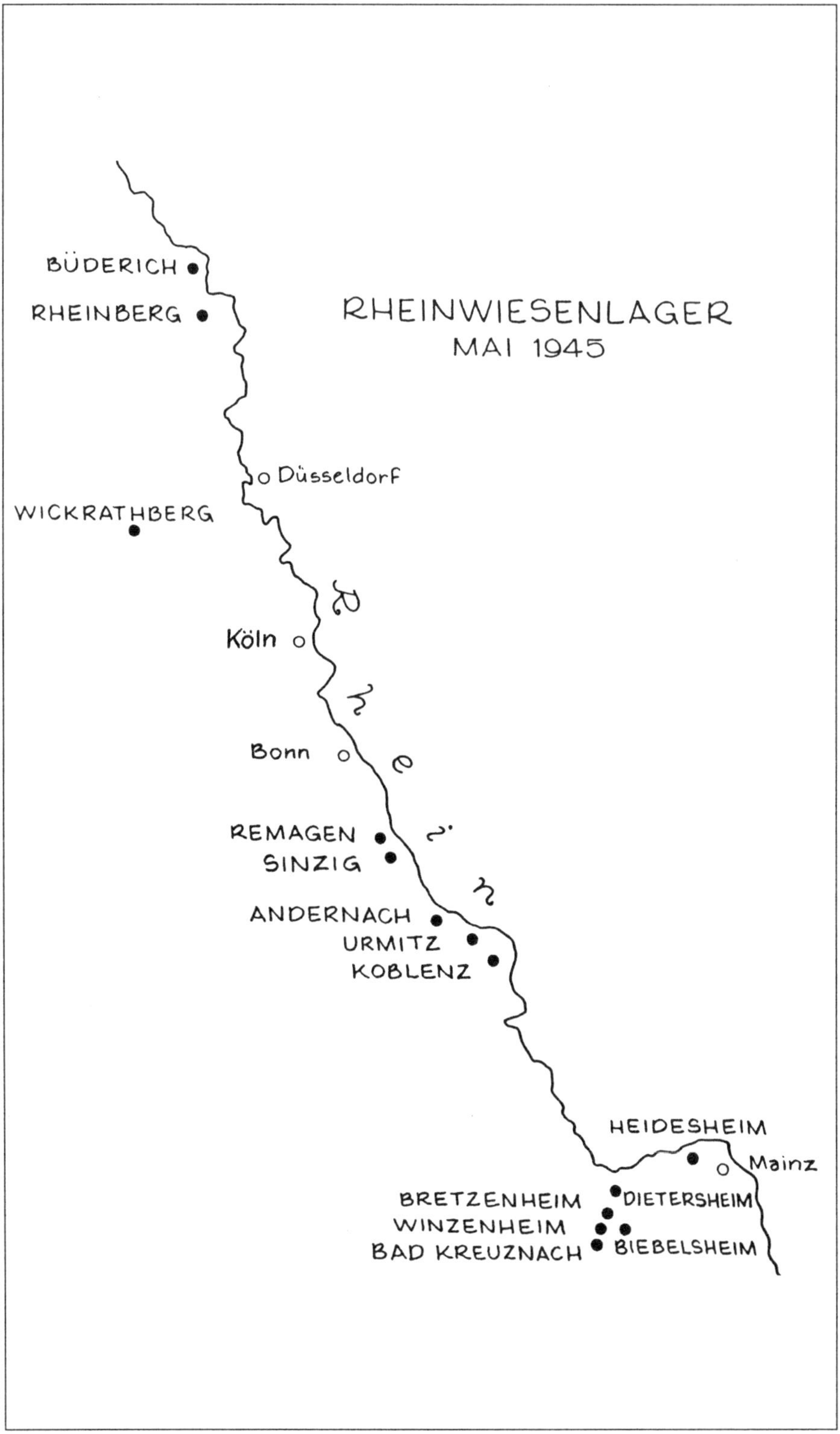
RHEINWIESENLAGER
MAI 1945
BÜDERICH
RHEINBERG
Düsseldorf
WICKRATHBERG
Rhein
Köln
Bonn
REMAGEN
SINZIG
ANDERNACH
URMITZ
KOBLENZ
HEIDESHEIM
Mainz
BRETZENHEIM
DIETERSHEIM
WINZENHEIM
BAD KREUZNACH
BIEBELSHEIM

Einleitung

Ist es möglich, daß es über den Ort des Todes von mehr als einer Million deutscher Soldaten, die seit 1945 als vermißt geführt werden, zwischen den Regierungen der Vereinigten Staaten von Amerika und der Bundesrepublik Deutschland eine Verschwörung des Schweigens gegeben hat? Im Westen galt allgemein die Ansicht, daß die große Mehrheit jener Wehrmachtsangehörigen, die nach dem Zweiten Weltkrieg nicht mehr nach Hause zurückkehrten, entweder an der Ostfront gefallen oder in sowjetischen Gefangenenlagern zugrunde gegangen ist. Doch hielten sich gewisse Zweifel, und daß diese Zweifel mehr als bloße Schatten waren, zeigte sich, als kürzlich ein Buch lebhafte und vielfach zustimmende Aufnahme fand, dessen Verfasser zu beweisen behauptet, die „vermißte Million"[1] sei in Wahrheit im Westen umgekommen, und zwar in Gefangenschaft als Ergebnis einer zielbewußten Politik der schlechten Behandlung und der Vernachlässigung seitens ihrer amerikanischen und französischen Bewacher[2].

Das tatsächliche Geschick dieser vermißten Soldaten ist für zahllose noch lebende Deutsche von höchstem Interesse, und die hier vorgelegte Studie ist in der Absicht geschrieben, ein wahrheitsgetreues Bild jenes historischen Vorgangs zu zeichnen. Nicht alle Fragen, die im Hinblick auf die „vermißte Million" zu stellen sind, können beantwortet werden, da die Quellen, von denen der Historiker abhängig ist, wie so oft auch hier nicht vollständig überliefert sind. Doch kann die entscheidende Frage beantwortet werden, nämlich die Frage, von welchen Orten aus die Vermißten ihr

[1] Der Terminus „vermißte Million" wird in dieser Studie als Bezeichnung für diejenigen Wehrmachtsangehörigen verwendet, die in den ersten Nachkriegsjahren nicht offiziell für tot erklärt wurden, sondern als vermißt registriert blieben.

[2] James Bacque, Der geplante Tod. Deutsche Kriegsgefangene in amerikanischen und französischen Lagern 1945–1946, Frankfurt a. M./Berlin 1989. Zu den unseligen Aspekten des modernen Publikationswesens gehört die Fähigkeit von Autoren und Verlagen, Bücher mit sensationellen Thesen oder Behauptungen auf den Markt zu werfen, ohne sich dabei im geringsten um eine angemessene Quellengrundlage für die aufgestellte Behauptung zu scheren. Unter einem provokanten Titel, der auf das deutsche Publikum berechnet ist und sich vom englischen Titel („Other Losses") erheblich unterscheidet, bietet „Der geplante Tod" mit dem Anspruch, historische Wahrheit zu beschreiben, eine absurde These. James Bacque rühmt sich, für seine ridikülen Behauptungen „neue" Beweise gefunden zu haben. Tatsächlich hat er nicht nur nichts Neues entdeckt, sondern nicht einen einzigen Blick auf die umfangreichen Quellenbestände verschwendet, die sich im Koblenzer Bundesarchiv befinden. Wie könnte er auch, ist er doch nicht in der Lage, Texte in deutscher Sprache zu lesen! Auch hätte eine Beschäftigung mit den Quellen ihn und seinen Verlag die „Geheimnisse" und die Schlußfolgerungen gekostet, die sich so gut verkaufen ließen. Vgl. Arthur L. Smith, Jr., „Der geplante Tod?", in: Karl Dietrich Bracher/Manfred Funke/Hans-Peter Schwarz (Hrsg.), Deutschland zwischen Krieg und Frieden. Beiträge zur Politik und Kultur im 20. Jahrhundert, Düsseldorf 1991, S. 108–116.

letztes Lebenszeichen gaben. Freilich ist die Anwort nicht auf einfache Weise zu finden, sie kann vielmehr erst nach der Auswertung einer großen Materialmasse entwickelt werden, die sich einer knapp zusammenfassenden Präsentation entzieht. Angesichts solcher Komplexität ist es kein Wunder, daß immer wieder Spekulationen und unbewiesene Theorien ins Kraut schießen.

Zwar gibt es mehr als genug dokumentarisches Material, um dem Schicksal der vermißten deutschen Kriegsgefangenen alles Rätselhafte zu nehmen, doch sind diese Quellen für den durchschnittlichen Interessenten nicht leicht zugänglich – sie waren es früher nicht und sind es auch heute nicht, da, wie schon gesagt, die enorme Quantität einschlägiger Akten eine eingehende Beschäftigung erfordert. Ferner steht die statistische Natur des Problems Studien im Wege, die über den Kreis der Spezialisten hinaus Attraktivität besitzen. Daß mithin Beweismaterial, das seit vielen Jahren zur Verfügung steht, weithin unbekannt geblieben ist, stellt den Hauptgrund dafür dar, daß sich ein erheblicher Teil des lesenden deutschen Publikums für die Theorie empfänglich zeigte, das wahre Ende der bis heute vermißten deutschen Soldaten sei von einer Verschwörung bewußt im Dunkeln gehalten worden.

Eine gewisse Verantwortung für die entstandene Situation muß allerdings den Regierungen der westlichen Siegermächte, namentlich den Regierungen der USA und Frankreichs, zugeschrieben werden, weil sie es verabsäumt haben, öffentlich und offiziell einzugestehen, daß von den deutschen Wehrmachtsangehörigen, die sich bei und nach Kriegsende in amerikanischer und französischer Gefangenschaft befanden, tausende, wahrscheinlich sogar zehntausende auf Grund von Gleichgültigkeit und Vernachlässigung gestorben sind. Diese Tatsache schuf, im Verein mit dem Zögern amtlicher alliierter Stellen, die deutschen Behörden nach Kriegsende bei der Suche nach Informationen über die vermißten Gefangenen zu unterstützen, einen fruchtbaren Boden für Gerüchte und Spekulationen. Wenn die Alliierten den Tod von Zehntausenden verheimlichen konnten, warum nicht auch den Tod einer Million?

Die unkritische Annahme einer solchen Möglichkeit wirft jedoch eine Anzahl von Fragen auf, die ebenfalls beantwortet werden müssen, und die Antworten sind nur zu finden, wenn das fragliche Geschehen sorgfältig rekonstruiert wird. Da mehr als elf Millionen deutsche Soldaten in Gefangenschaft gerieten, stand ihr Geschick im Mittelpunkt der Sorgen von praktisch jeder deutschen Familie. Auf der verzweifelten Suche nach Informationen haben Ehefrauen und sonstige Angehörige jedes erreichbare Amt mit Fragen bestürmt: Wo sind unsere Männer? Wann werden sie entlassen und wieder nach Hause kommen? Derartigen Fragen begegneten die alliierten Besatzungsbehörden meist mit Schweigen, der undurchdringliche bürokratische Apparat der Militärregierungen stellte eine Mauer dar, die kein Deutscher zu überwinden vermochte. Doch ist es sehr zweifelhaft, daß in den ersten Monaten und Jahren nach Kriegsende hilfreiche Informationen zu erlangen gewesen wären, wenn die Alliierten sich kooperativ verhalten hätten. Die logistischen Probleme, die sich daraus ergaben, daß Millionen von Gefangenen über die ganze Erde verstreut waren (zwanzig Nationen) und daß keine Einrichtung zur zentralen Koordinierung existierte, türmten sich zu einem formidablen Hindernis auf.

Als es endlich für die Deutschen selbst möglich wurde, die Frage nach den vermißten Gefangenen ernsthaft anzugehen, lag das Kriegsende schon fast zwei Jahre zurück. Zu dieser Zeit war klar, daß die Vereinigten Staaten von Amerika – und bald auch Großbritannien – sämtliche deutschen Gefangenen in ihrem Gewahrsam entlassen und Informationen über die Gefallenen und Vermißten jener Streitkräfte liefern würden, die im Westen kapituliert hatten. Einige der dann gemachten Angaben gerieten freilich in die spätere Kontroverse um die „vermißte Million", da man grobe Fehler bei der Registrierung von Gefangenen entdeckte. Die Sowjetunion wiederum hat, taub gegen alle flehentlichen Bitten um Informationen, überhaupt keine Angaben zu den Millionen deutscher Kriegsgefangenen herausgegeben, die sich damals in sowjetischen Lagern befanden.

All das bedeutete, daß für einen Deutschen, der sich um die Aufklärung des Schicksals eines Familienangehörigen bemühte, 1947 und 1948 eine gewaltige Menge an allerdings häufig widersprüchlichen Informationen verfügbar wurde. Die Angaben kamen aus den unterschiedlichsten amtlichen und inoffiziellen Quellen. Aus dem Gewirr ein zuverlässiges Bild vom Verbleib eines vermißten Ehemannes oder Sohnes zu gewinnen, entwickelte sich für zahllose Suchende zu einer sehr quälenden Aufgabe. Kennziffern und Namen militärischer Einheiten, zuletzt bekannte Adressen – all dies wurde zu Schlüsselelementen einer mühevollen Anstrengung, zunächst wenigstens herauszufinden, ob jemand nach Osten oder nach Westen gekommen, ob jemand in Gefangenschaft geraten oder gefallen war.

Die größten Gewahrsamsmächte waren die Vereinigten Staaten und die Sowjetunion, die jeweils etliche Millionen Gefangene gemacht hatten. Einer Ehefrau oder Mutter schien es keine komplizierte Sache zu sein, einfach zu ermitteln, ob der Mann oder der Sohn tot oder noch am Leben war, und so vermochten sie es nicht recht zu verstehen, wenn sie die Mitteilung bekamen, daß der Gesuchte vermißt sei und keine einzige Angabe über seinen Verbleib gemacht werden könne. Denn es widerspricht jeder menschlichen Erfahrung, daß mehr als eine Million Menschen verschwinden, ohne eine sichtbare Spur zu hinterlassen, und es ist schon schwer zu glauben, daß der Ort des Verschwindens umstritten sein kann. Partiell ist die Antwort darauf in der Haltung zu finden, die bei den Alliierten während der Kriegsjahre gegenüber der deutschen Wehrmacht entstand.

Die Alliierten stimmten bald darin überein, daß es, um einer Wiedergeburt der Wehrmacht vorzubeugen, auch wichtig sei, die deutschen militärischen Akten zu vernichten; lediglich solche Akten sollten erhalten bleiben, die aus irgendeinem Grunde für alliierte Interessen von Bedeutung sein konnten. So wurde es noch vor der Niederlage Deutschlands zu einem offiziellen Prinzip der alliierten Streitkräfte, der Sicherung und Aufbewahrung der Akten der Wehrmacht nur geringe Bedeutung einzuräumen, und diese Einstellung erstreckte sich bei und nach Kriegsende erst recht auf die bürokratische Erfassung der Millionen von Gefangenen, die in alliierte Hand fielen. Es gibt zahllose Beispiele für die Unachtsamkeit, mit der die Alliierten bei der Sammlung von Angaben über deutsche Kriegsgefangene zu Werke gingen. Eine in amtlichem Auftrag angefertigte Studie über die Kriegsgefangenen, die sich in amerikanischem Gewahrsam befunden hatten, machte warnend darauf aufmerksam, daß alle Zahlenangaben höchst unzuverlässig seien. Gefangene, die zwischen den Amerikanern und den Briten ausgetauscht worden waren, habe man oft doppelt gezählt, das gelte ebenso für Transfers zu den Franzosen und Belgiern: „Es ist möglich", so hieß es in dem Bericht, „daß sie bei solchem Wechsel mehrfach gezählt worden sind. Die genaue Zahl der deutschen Kg. in amerikanischem Gewahrsam läßt sich aus dem Grund nicht ermitteln, weil ein großer Teil bei der Kapitulation in amerikanische Hand geratenen Gefangenen nicht registriert worden ist (...). Es bleibt daher nichts anderes übrig, als die Gesamtzahl der deutschen Kg. in amerikanischer Hand zu schätzen."[3]

Die statistischen Angaben über die Kriegsgefangenen, die von den Vereinigten Staaten herausgegeben wurden, sind, so fehlerhaft sie zum Teil waren, nicht nur von den Deutschen begierig aufgenommen und geprüft worden, sondern ebenso von neutralen Institutionen wie dem Internationalen Roten Kreuz und dem vom YMCA eingerichteten Büro der Kriegsgefangenenhilfe. Beide Organisationen verstanden es, die amerikanische Haltung gegenüber den Gefangenen zu beeinflussen, und ihre Arbeit wurde auch von den diversen Suchdiensten in Deutschland außerordentlich geschätzt. Für die Vereinigten Staaten und die anderen westlichen Nationen war es sehr schwierig, angesichts ihrer Unterschrift unter internationale Abkommen (Genfer Konvention von 1929) Informationen zurückzuhalten, bis sie aber dazu gebracht werden konnten, ihren Verpflichtungen voll nachzukommen, war schon viel wertvolles Material verlorengegangen.

Unbehindert durch internationale Konventionen und gleichgültig gegenüber der öffentlichen Meinung in aller Welt, ignorierten die Russen lange Zeit jedes Ansuchen um Angaben über die in ihren Lagern festgehaltenen deutschen Kriegsgefangenen. Es sollten noch Jahre vergehen, ehe sich Moskau dazu verstand, wenigstens die dürrsten Fakten mitzuteilen, und auch dann ergab sich nur ein unvollständiges Bild. Mehr als zwanzig Jahre nach Kriegsende sahen sich deutsche Forscher nach einer ausgedehnten Untersuchung zu dem Schluß gezwungen: „Die genaue Zahl der deutschen Kriegsgefangenen, die sich in sowjetischer Hand befunden haben, ist unbekannt. Sie wird sich vermutlich auch nie mit letzter Gewißheit ermitteln lassen, selbst dann nicht, wenn die Sowjetunion eines Tages ihre Archive internationalen Forschungen zugänglich machen sollte."[4]

Diese recht enttäuschenden Urteile über das statistische Material, das in alliierten Archiven zum Problem der deutschen Kriegsgefangenen zu finden ist, bedeuten nicht, daß keine Schlußfolgerungen zur Frage der „vermißten Million" möglich sind.

[3] Bundesarchiv-Militärarchiv (BA-MA), Freiburg i. Br., B 205/v. 968: Das Schicksal der deutschen Kriegsgefangenen des Zweiten Weltkriegs in amerikanischem Gewahrsam, hrsg. vom Deutschen Büro für Friedensfragen, Stuttgart, August 1949, S. 14.

[4] Kurt W. Boehme, Die deutschen Kriegsgefangenen in sowjetischer Hand. Eine Bilanz, S. IX, in: Zur Geschichte der deutschen Kriegsgefangenen des Zweiten Weltkriegs, hrsg. von Erich Maschke, Bd. VII, München 1966.

Sie bedeuten nur, daß die Akten in diesen Archiven allein nicht ausreichen, sondern eben lediglich zu Annäherungen und zusammen mit vergleichbarem anderen Material benützt werden dürfen. Die objektivsten Quellen, die zu Vergleich und Ergänzung taugen, sind jene Dokumente, die von Deutschen – in amtlichem Auftrag und privat – bei ihrer zähen und gründlichen Suche nach der Wahrheit über ihre vermißten Männer zusammengetragen wurden. Da die Antworten auf die „Kriegsgefangenenfragen" tatsächlich vor allem in solchen Dokumenten zu finden sind, verdient die deutsche Suchanstrengung größte Aufmerksamkeit.

Am 6. November 1945 konnte sich in der amerikanischen Besatzungszone, die aus Bayern, Hessen, Württemberg-Baden und der Bremer Enklave bestand, mit Genehmigung der amerikanischen Besatzungsbehörden ein „Länderrat" konstituieren. Zweck des Länderrats, der seinen Sitz in Stuttgart hatte, war die Koordinierung der Verwaltungs- und Gesetzgebungsinstanzen in der US-Zone und die Unterstützung der amerikanischen Militärregierung. Mit der wachsenden Bedeutung wuchs auch die Einrichtung selbst, und bereits 1947 wurde einer der schon bestehenden sieben Abteilungen ein eigener „Ausschuß für Kriegsgefangenenfragen" angegliedert (Dokument 14 und 15). Eben diesem Ausschuß sollte es, während seiner relativ kurzen Lebensdauer von lediglich zwei Jahren, gelingen, den wichtigsten Bestand an Angaben über die deutschen Kriegsgefangenen im Zweiten Weltkrieg zusammenzutragen und für die meisten der „vermißten Million" annähernd Zeit und Ort ihres Todes zu ermitteln. Die Akten des Ausschusses sind derzeit Bestandteil einer größeren Dokumentensammlung im Bundesarchiv[5] in Koblenz.

Bei der Beurteilung der Daten, die der Ausschuß für Kriegsgefangenenfragen im Laufe seiner Arbeit zusammengetragen hat, ist die Tatsache von fundamentaler Bedeutung, daß das Schwergewicht auf Material gelegt wurde, das aus deutschen Quellen stammte. Dabei handelte es sich um Angaben der „Landesarbeitsgemeinschaften für Kriegsgefangene", um Material, das von deutschen Suchdiensten eingeholt wurde, um zahllose Berichte heimgekehrter Veteranen und um staatlich organisierte Registrierungsprüfungen (Dokument 24). Obwohl der Ausschuß schließlich auch hilfreiche Informationen von den amerikanischen Militärbehörden, vom Internationalen Roten Kreuz und vom YMCA erhielt, war es doch seine ureigene und unabhängige Anstrengung, die zur Schaffung einer Datensammlung rein deutschen Ursprungs führte und damit die Ansammlung einer Dokumentenmasse ermöglichte, welche für die Klärung der Frage nach der „vermißten Million" von höchstem Wert ist.

Als ihre Materialien anwuchsen, erkannten die Mitglieder des Ausschusses, daß sie einen wertvollen historischen Bestand aufbauten, und so kam es zu Diskussionen sowohl über Mittel und Wege zu seiner permanenten Sicherung wie auch über die Erarbeitung einer umfassenden Geschichte aller Aspekte des Kriegsgefangenenschicksals seit 1939. Indes schienen derartige Probleme in der damaligen Zeit, in der

[5] Der Bestand Bundesministerium für Vertriebene, Flüchtlinge und Kriegsgeschädigte (B 150) umfaßt mehr als 80 große Ordner mit Material, das Zeugnis für gründliche Arbeit ablegt.

die wirtschaftliche Erholung und die Bewahrung der nationalen Einheit im Vordergrund standen, von sekundärer Bedeutung gewesen zu sein. Wohl hat das „Deutsche Büro für Friedensfragen", aus den Materialien des Ausschusses für Kriegsgefangenenfragen schöpfend, eine Anzahl kurzer Studien über das Geschick der deutschen Gefangenen im Zweiten Weltkrieg vorgelegt, und zwar mit der Absicht, dies fortzusetzen und die Einzelteile zu einer großen, vollständigen Geschichte zusammenzufügen (Dokument 31), doch wurde das Projekt dann nicht weiterverfolgt[6]. Mitte der fünfziger Jahre erwachte indes das Interesse von neuem, und etliche deutsche Wissenschaftler begannen, das Vorhaben einer definitiven Kriegsgefangenengeschichte zu erörtern. 1957 schließlich wurde die „Wissenschaftliche Kommission für deutsche Kriegsgefangenengeschichte" (WK) ins Leben gerufen, die von der Bundesregierung den Auftrag erhielt, die notwendige Forschung zu betreiben und die Ergebnisse zu veröffentlichen. Achtzehn Jahre später und nachdem 22 Bände erschienen waren, stellte die Kommission ihre Arbeit ein[7]. Nach jedem Maßstab eine eindrucksvolle Leistung, wenn auch nicht die erhoffte definitive Geschichte. Allein schon der Umfang verhinderte eine weitere Verbreitung, und die Kosten hielten die Auflage der Serie unter fünfhundert.

Die Bedeutung der Arbeit der WK ergibt sich in erster Linie aus einer stattlichen Sammlung persönlicher Aussagen deutscher Kriegsveteranen, der „Heimkehrer-Berichte"[8]. Für die WK war es auch von Vorteil, daß sie das Projekt eine Reihe von Jahren nach Kriegsende in Angriff nahm und daher Zugang zu den amtlichen Akten der Vereinigten Staaten und anderer Gewahrsamsmächte erhielt. Aus nicht mehr klar zu erkennenden Gründen hat die WK aber das sehr wertvolle Material, das der Ausschuß für Kriegsgefangenenfragen zusammengetragen hatte, nicht vollständig genutzt; vielleicht geriet das Material gar nicht in das Blickfeld der WK, da es erst 1979 ins Bundesarchiv kam. Anders als die vom Ausschuß für Kriegsgefangenenfragen gesammelten Aussagen, die ja fast noch als zeitgenössisch gelten können, sind die Heimkehrer-Berichte, die das WK erhielt, lange nach den geschilderten Ereignissen entstanden; nur sechs Prozent der nach zehntausenden zählenden Heimkehrer-Berichte wurden von Veteranen im ersten Jahr nach ihrer Heimkehr geschrieben. „Die meisten Aufzeichnungen entstanden zehn bis zwanzig Jahre später. Fast die Hälfte von ihnen bezieht sich dabei auf die Geschichte der Gefangenenlager in der Sowjetunion (...). Auch stammen die meisten und ausführlichsten Aufzeichungen von Offizieren, während der Anteil der Mannschaftsberichte sehr gering und auf keinen Fall repräsentativ ist."[9]

[6] Das Deutsche Büro für Friedensfragen, ein Vorläufer des Auswärtigen Amts, wurde 1950 aufgelöst, aber seine Akten (Z 35 im Bundesarchiv) enthalten eine Fülle von Material zu den Kriegsgefangenenfragen.

[7] Erich Maschke (Hrsg.), Zur Geschichte der deutschen Kriegsgefangenen des Zweiten Weltkriegs, München 1962–1974.

[8] Der Zugang zu den Heimkehrer-Berichten ist eingeschränkt. Dem Verfasser wurde erlaubt, die Berichte zu benutzen, die in der „Sammlung zur Geschichte deutscher Kriegsgefangener aus dem 2. Weltkrieg" (B 205) enthalten sind, und zwar mit der Auflage, keine Namen von Individuen zu nennen.

[9] Frankfurter Allgemeine Zeitung vom 27. Juni 1990.

In fast zwei Dekaden Forschungsarbeit hat die Wissenschaftliche Kommission für Kriegsgefangenengeschichte eine gewaltige Menge an Dokumenten zusammengebracht; einiges davon erscheint in den publizierten Bänden, doch ist ein großer Teil unveröffentlicht geblieben und liegt nun im Bundesarchiv-Militärarchiv in Freiburg im Breisgau als „Sammlung zur Geschichte deutscher Kriegsgefangener aus dem 2. Weltkrieg". Wenn man diesen Bestand mit dem Material des Ausschusses für Kriegsgefangenenfragen kombiniert, das sich in Koblenz befindet, wenn man dazu noch bestimmte amerikanische Dokumente wie die „Monthly Reports of the Military Governor, U.S. Zone" nimmt, dann wird es möglich, auf die Frage, was mit der „vermißten Million" deutscher Soldaten geschah, eine plausible und logische Antwort zu geben.

I. Anglo-amerikanische Planungen 1944/45

Hunderttausende deutsche Soldaten sind schon 1943 in Kriegsgefangenschaft geraten, als die Wende des Krieges zugunsten der Alliierten eintrat. Dies signalisierte den Beginn eines Vorgangs, der sich bis 1945 zur größten Kapitulation militärischer Streitkräfte entwickeln sollte, die es bislang in der Geschichte gegeben hat. Bei Kriegsende befanden sich mehr als elf Millionen Soldaten in der Hand der Siegermächte. Für die Vereinigten Staaten von Amerika und für Großbritannien erwiesen sich die Gefangenenmassen zeitweilig als einfach überwältigend; für die Sowjetunion existierte ein solches Problem nicht.

Amerikaner und Briten, im Zweiten Weltkrieg enge Verbündete, begannen mit ernsthaften Überlegungen über die Behandlung der deutschen Streitkräfte im Jahre 1943, wenn auch früher, 1941, formulierte Kriegsziele bereits die Entwaffnung und Auflösung der Wehrmacht vorgesehen hatten. Doch waren damals nur wenige Gedanken an die technische Abwicklung verschwendet worden, etwa daran, ob und wie deutsche Kriegsgefangene für besondere Zwecke zurückzuhalten oder wie schnell sie nach Kriegsende zu entlassen seien. Im Fortgang der Diskussionen über die Einzelheiten der Kapitulation schien die allgemeine Vorstellung von der Behandlung der deutschen Soldaten durch die Bestimmungen der Genfer Konvention von 1929 bereits vorgegeben zu sein. Daß die Sowjetunion nicht zu den Unterzeichnern der Konvention gehörte und sich von deren Regeln offensichtlich nicht bei irgendwelchen Plänen für die Verwendung deutscher Kriegsgefangener stören zu lassen gedachte, war ein Faktum, das sich der Beeinflussung durch die beiden westlichen Alliierten entzog.

Die Formel von der bedingungslosen Kapitulation, die der amerikanische Präsident und der britische Premierminister im Januar 1943 in Casablanca verkündeten, implizierte zwar eindeutig, daß die Deutschen bei ihrer Niederlage jeglicher Verhandlungsfähigkeit beraubt sein würden, und das traf vermutlich auch auf die Behandlung der deutschen Kriegsgefangenen zu. Doch wollte keine der beiden Westmächte über diese Frage diskutieren, solange sich Angehörige der westlichen Streitkräfte in deutschen Gefangenenlagern befanden. So genügte der Vorteil, den beide Seiten aus der Respektierung der Genfer Konvention zogen, um vorerst eine relativ strikte Einhaltung der Bestimmungen der Konvention sicherzustellen.

Als die alliierte Planung im Laufe des Jahres 1943 voranschritt, wurde im November auf einer Konferenz der Außenminister, die in Moskau stattfand, vereinbart, eine Einrichtung der drei Mächte USA, Großbritannien und Sowjetunion zu schaffen, die detaillierte Pläne für die Kapitulation und die Besetzung des Deutschen Reiches ausarbeiten sollte. Mit dem Hauptquartier in London nahm diese „European Advisory

Commission" (EAC) ihre Arbeit sofort auf. Sie litt zeitweise unter gewissen Handicaps, die sich namentlich aus anglo-amerikanischen Differenzen in vielen Fragen ergaben, begann aber bald Entwürfe für ein Kapitulationsdokument und Empfehlungen für die Besatzungspolitik in Deutschland vorzulegen. In solchem Rahmen wurde nun auch dem Problem der Entwaffnung und Auflösung der deutschen Streitkräfte nachgegangen, woran sich die daran interessierten Ministerien in den Vereinigten Staaten und in Großbritannien lebhaft beteiligten. Das Resultat bestand keineswegs immer in vollständiger Übereinstimmung.

Die Briten, die mit globalen militärischen Verpflichtungen und einem entsprechenden Mangel an Arbeitskräften im eigenen Lande rechneten, traten für ein Verfahren ein, das es erlauben würde, deutsche Kriegsgefangene auf unbestimmte Zeit als Arbeiter festzuhalten. In einem Memorandum des Kriegsministeriums aus dem Jahre 1944 findet sich die Überlegung, ob es nicht möglich sei, die von der Genfer Konvention vorgeschriebene Begrenzung des Gewahrsams einfach dadurch zu umgehen, daß man die Gefangenen in einen anderen Status versetzte (Dokument 1). Die Vereinigten Staaten wandten sich gegen derartige Pläne und beharrten darauf, daß man mit dem Problem am besten fertig werde, wenn man die deutschen Streitkräfte schnell demobilisiere (Dokument 2).

Im Laufe der Debatten innerhalb der EAC, die den ganzen Sommer 1944 hindurch andauerten, blieb die britische Entschlossenheit, eine Festlegung auf einen frühen Entlassungstermin oder auf die Garantien der Konvention zu vermeiden, unerschüttert (Dokument 3). In der Sorge, daß Andeutungen über diese geheimen Besprechungen nach Deutschland dringen und folglich die in deutschen Lagern sitzenden amerikanischen Gefangenen in Gefahr geraten könnten, beeilten sich die Vereinigten Staaten, über ihren Vertreter in der Schweiz die telegrafische Mitteilung nach Berlin gelangen zu lassen, daß „die amerikanische Regierung an der strikten Einhaltung der Bestimmungen der Genfer Konvention bezüglich der Behandlung deutscher Kriegsgefangener in ihrer Hand wie bisher festzuhalten beabsichtigt"[1]. In ihrer Antwort auf französische Beschwerden, im Oktober 1944 vorgebracht, die in amerikanischem Gewahrsam befindlichen deutschen Gefangenen würden „verwöhnt", erklärten die Amerikaner mit Bedacht, daß sie sich an die Genfer Konvention hielten, nicht mehr und nicht weniger (Dokument 4). Auch die amerikanischen Flugblätter, die deutsche Soldaten bewegen sollten, sich zu ergeben, versprachen ihnen alle Rechte, die einem Kriegsgefangenen nach der Genfer Konvention zustanden, und baldmöglichste Entlassung.

Die zentrale Frage dieser amerikanisch-britischen Auseinandersetzung des Jahres 1944 drehte sich um die rechtliche und moralische Verpflichtung, die einem Staat aus unterschriebenen internationalen Vereinbarungen erwächst, und darum, ob es zulässig ist, einem feindlichen Soldaten, der kapituliert hat, einen anderen Status als den des Kriegsgefangenen zu geben. Die Behauptung, Artikel 83 der Genfer Konvention

[1] Foreign Relations of the United States (künftig zit.: FRUS), 1944, Vol. I, Washington 1966, S. 1228.

gestehe „das Recht zu, in jenen Kriegsgefangene betreffenden Fragen spezielle Konventionen abzuschließen, in denen es (...) zweckdienlich erscheint, Sonderregelungen zu haben“[2], wurde nicht von allen als ausreichende Rechtfertigung für eine Änderung des Gefangenenstatus angesehen. Sehr bald aber hat die amerikanische Regierung, mittlerweile überwältigt von dem immensen Anfall kapitulierender deutscher Soldaten, ihren Standpunkt revidiert und sich der britischen Auffassung angeschlossen. Beide Regierungen trafen jedoch, um die Sicherheit ihrer Gefangenen in Deutschland besorgt, jede nur mögliche Vorsichtsmaßnahme, um ihre Absichten geheim zu halten. Später, als die Geheimhaltung selbst noch nach der deutschen Kapitulation fortgesetzt wurde, so weit das möglich war, geschah dies im Bewußtsein, daß die Genfer Konvention verletzt worden war. Der Entschluß, dem britischen Verlangen zu folgen und zugleich die Sache offiziell zu verschleiern, sollte freilich erheblich zu der späteren Kontroverse über die „vermißte Million“ beitragen, und da es die meisten Todesfälle wie die meisten Fälle schlechter Behandlung in amerikanischen Lagern gab, war es nur logisch, daß vor allem die Rolle der Vereinigten Staaten in den Mittelpunkt der Aufmerksamkeit rückte.

Die amerikanische Planung für die Behandlung der deutschen Streitkräfte war, als der Krieg sich seinem Ende näherte, in einer recht breit und flexibel gefaßten Operationsweisung mit dem Codenamen „ECLIPSE“ niedergelegt, deren Durchführung SHAEF (Supreme Headquarters, Allied Expeditionary Forces) oblag. Der Plan sah nicht allein die Sicherung totaler Kontrolle über die allenthalben kapitulierenden deutschen Streitkräfte vor, sondern auch ihre ordentliche und schnellstmögliche Auflösung. Als sich „ECLIPSE“ noch im Entwurfsstadium befand, war das ein logisches Ziel. Aber im Februar 1945 wurde ganz deutlich, daß keine noch so sorgfältige Vorausplanung die Amerikaner instandsetzen konnte, der ungeheuren Zahl von Gefangenen Herr zu werden, mit denen sie es nun in Deutschland selbst zu tun bekamen. SHAEF erbat und erhielt die Zustimmung Washingtons für die Absicht, neuen Gefangenen einen anderen Status als den von Kriegsgefangenen zu geben, womit man sich der Verpflichtung enthoben glaubte, sie nach den Bestimmungen der Genfer Konvention zu behandeln. In „ECLIPSE“ war dieser Fall als Option enthalten, allerdings nur als letztes Mittel.

In den Monaten vor dem deutschen Zusammenbruch hätten die amerikanischen und die britischen Streitkräfte jeweils die Hälfte der in Gefangenschaft geratenden Deutschen übernehmen sollen; auch Frankreich war dann zu beteiligen (Dokument 5).

[2] René-Jean Wilhelm, Can the Status of Prisoners of War Be Altered?, Genf 1953, S. 7; FRUS, 1929, Vol. I, Washington 1943, S. 83f. Die nach dem Krieg erfolgten Revisionen der Genfer Konvention untersagen ausdrücklich die Verweigerung des Kriegsgefangenenstatus an gegnerische Soldaten, die die Waffen gestreckt haben; vgl. The Geneva Convention Relative to the Treatment of Prisoners of War, Washington 1970, S. 2 ff. Eine schlüssige Verurteilung der alliierten Verletzungen der Genfer Konvention hat das Deutsche Büro für Friedensfragen 1949 ausgearbeitet; vgl. Das Schicksal der deutschen Kriegsgefangenen des Zweiten Weltkriegs und die Revision des Genfer Kriegsgefangenen-Abkommens, in: Bundesarchiv (BA), Koblenz, B 150/343.

Dieses Arrangement war 1944 getroffen worden, aber als dann mehr und mehr deutsche Gefangene von den Amerikanern eingebracht wurden, machte der britische Verbündete geltend, daß es ihm an Einrichtungen und Personal fehle, die Hälfte, wie zugesagt, tatsächlich abzunehmen. SHAEF beschwerte sich direkt beim britischen Kriegsministerium und wies darauf hin, daß die amerikanischen Mittel zur Bewältigung der Gefangenenflut bereits mehr als erschöpft seien, hatte jedoch damit nur wenig Erfolg[3].

An diesem Punkt angelangt, erhielten die amerikanischen Frontbefehlshaber die Ermächtigung, neue Gefangene als „disarmed enemy forces" (DEF) zu klassifizieren, was bedeutete, daß die in der Genfer Konvention enthaltenen Bestimmungen über Unterbringung und Verpflegung von Gefangenen modifiziert werden durften[4]. Die ersten Aufstellungen über die Zahl der nun als DEF klassifizierten deutschen Gefangenen kamen Ende Mai 1945 auf mehr als vier Millionen, wenn auch die Berichterstattung zugegebenermaßen partiell ungenau war und bereits den bevorstehenden logistischen Alptraum ankündigte (Dokument 6). Die Briten hatten inzwischen ihr eigenes Synonym für Prisoners of War gefunden und nannten ihre deutschen Gefangenen „surrendered enemy personnel" (SEP)[5].

Die rechtliche Anfechtbarkeit dieser alliierten Maßnahmen wurde vom Deutschen Büro für Friedensfragen exakt formuliert, als es Argumente gegen eine Revision der Konvention von 1929 sammelte: „Die willkürliche Unterscheidung zwischen Kg. und SEP [und DEF] widersprach dem Sinn und dem Wortlaut der völkerrechtlichen Bestimmungen. Es kommt nicht darauf an, ob ein Soldat gewaltsam gefangengenommen wird, ob er sich einzeln oder in Gruppen dem Gegner ergibt, ob die Besatzung einer Festung oder eine Armee im Felde kapituliert, oder ob die gesamte Wehrmacht eines besiegten Staates die Waffen streckt. In allen Fällen geraten die Gefangenen in die Gewalt der feindlichen Macht und sind daher nach Art. 1 und 2 des Genfer Kg.-Abkommens von 1929 in Verbindung mit Art. 1, 2 und 3 der Haager LKO von 1907 als Kg. zu behandeln."[6]

Die Deutschen standen mit ihrer Verurteilung der Aktion, mit der die Alliierten die Genfer Konvention umgingen, nicht allein. Das Internationale Komitee des Roten Kreuzes (IKRK) gab ein eigenes Memorandum heraus, in dem das ad-hoc-

[3] Earl Ziemke, The U. S. Army in the Occupation of Germany 1944–1946, Washington 1975, S. 291.

[4] Vgl. U. S. Army, European Theater of Operations, Disarmament and Disbandment of the German Armed Forces (künftig zit.: Disarmament and Disbandment), hrsg. von Office of the Chief Historian, European Command, Frankfurt a. M. 1947, S. 58, Anm. 13. Eine frühe Erwähnung des Terminus „Disarmed Enemy Forces" (DEF) statt „Prisoners of War" (POW) findet sich Mitte Februar in SHAEF-Korrespondenzen.

[5] Zwar bezeichnen DEF und Surrendered Enemy Personnel (SEP) im Grunde die gleiche Sache, doch wurden die beiden Termini im Schriftverkehr zwischen amerikanischen und britischen Stellen keineswegs als austauschbar behandelt – eine Differenzierung, an die sich spätere Historiker nicht immer gehalten haben.

[6] BA-MA, B 205/v. 968: Das Schicksal der deutschen Kriegsgefangenen des Zweiten Weltkriegs in amerikanischem Gewahrsam (künftig zit.: Das Schicksal), S. 6.

Abkommen, das die Alliierten geschlossen hatten, scharf verurteilt wurde: „Aus diesem Grund ist das IKRK, obschon nicht aufgefordert, zu der solchermaßen geschaffenen Lage Stellung zu nehmen, der Auffassung, daß der Kriegsgefangene weiterhin alle Sicherheiten genießen sollte, auf die er nach den bestehenden Konventionen Anspruch hat, und daß diese Konventionen ihre volle Bedeutung behalten, selbst wenn ihre normale Anwendung suspendiert oder modifiziert wird, zumal eine der kriegführenden Parteien de facto verschwunden ist."[7]

Zu einem Teil hingen die amerikanischen Schwierigkeiten bei der angemessenen Versorgung so vieler Kriegsgefangener mit der übernommenen Verantwortung für die Unterbringung und Verpflegung von Millionen „Displaced Persons" (DPs) zusammen, d. h. der von den Deutschen als Zwangsarbeiter nach Deutschland Verschleppten vor allem aus Ost-, aber auch aus Süd- und Westeuropa. Wenn man Kriegsgefangene und DPs zusammenrechnete, waren – neben den gesamten amerikanischen Streitkräften in Europa – nicht weniger als 20 Millionen Menschen aus den relativ knappen verfügbaren Mitteln zu ernähren. Schon zwei Monate vor Kriegsende hatte General Dwight Eisenhower, Oberbefehlshaber von SHAEF, Washington auf den zu erwartenden Lebensmittelmangel aufmerksam gemacht. Aber angesichts von Engpässen im eigenen Lande zögerte Präsident Roosevelt, zusätzliche Schiffsladungen für Europa freizugeben. Als er Premierminister Winston Churchill über sein Dilemma ins Bild setzte, schrieb er: „Wir können nicht (...) die Verantwortung dafür übernehmen, alle Anforderungen Eisenhowers auch nur vorübergehend zu erfüllen." Und der britische Regierungschef antwortete: „Ich bedaure, daß derzeit nicht mehr aus dem Vereinigten Königreich zur Deckung dieses Bedarfs verschifft werden kann."[8]

Nach den Bestimmungen der Konvention hatten die Kriegsgefangenen Anspruch auf 2000 bis 3000 Kalorien pro Tag, je nach Art der Arbeit, die sie leisteten, während deutsche Zivilisten etwa 1500 Kalorien täglich erhielten. Die Lage war so schlecht, daß etliche der amerikanischen Befehlshaber berichteten, „die Ernährungslage in ganz Westdeutschland ist vielleicht das ernsteste Problem der Besatzung (...). Lebensmittel müssen importiert werden, wenn Hungersnöte und ein allgemeiner Zusammenbruch der Gesundheit vermieden werden sollen"[9].

„ECLIPSE" sah für die DEF die gleiche Quantität und Qualität der Versorgung vor wie für die DPs, was bedeutete, daß ihre Verpflegung aus dem Raum zu beschaffen war, in dem sie sich befanden. Zwischen den beiden Gruppen bestand jedoch ein gewichtiger Unterschied. Die DPs waren über die ganze US-Zone verstreut, und ihr Verlangen nach Lebensmitteln konzentrierte sich deshalb nicht wie auf Seiten der meist in

[7] Report of the International Committee of the Red Cross on its Activities During the Second World War, September 1, 1939–Juni 30 1947 (künftig zit.: Report of ICRC), Genf 1948, Band I, S. 539.

[8] Warren F. Kimball (Hrsg.), Churchill and Roosevelt. The Complete Correspondence, Bd. III, Princeton 1984, S. 578–584.

[9] Monthly Report of the Military Governor, Military Government of Germany, U. S.-Zone (künftig zit.: Monthly Report), Nr. 1, Juli 1945, S. 9.

überfüllte Lager gepferchten Kriegsgefangenen auf eine eng umgrenzte Region. Für diejenigen Gefangenen, die man ins rückwärtige Gebiet abtransportiert hatte, war die Situation nicht ganz so ernst, aber während der kritischen Phase der Kämpfe und des Vordringens in die Rhein-Ruhr-Region zu Beginn des Jahres 1945 wurde die Mehrzahl der Deutschen, die sich ergaben, in provisorischen Lagern an Ort und Stelle gefangengesetzt. Diese temporären Lager, die zwischen Februar und Mai 1945 am linken Rheinufer entstanden, traf der Lebensmittelmangel am härtesten. Die Lage ist durch die körperliche Verfassung vieler Gefangener noch verschlimmert worden, da sie „unter diversen Mangelerscheinungen litten, als sie in Gefangenschaft gerieten. In den Monaten vor der entgültigen Kapitulation waren die deutschen Armeerationen sehr wenig (...). Es hat sich als unmöglich erwiesen, diese Mängel in den temporären Lagern [am Rhein] auszugleichen“[10].

Das Fehlen eines effizienteren Systems der Nutzung und Verteilung existierender Nahrungsmittelvorräte trug ebenfalls zur allgemeinen Not bei. Aber das Chaos und die Konfusion, die das Kriegsende kennzeichneten, waren nicht zu vermeiden. Es ist indes fraglich, ob es selbst ohne diese Faktoren möglich gewesen wäre, eine ausreichende Versorgung mit Lebensmitteln rasch verfügbar zu machen, da die amerikanischen Reserven so knapp geworden waren, daß das Kriegsministerium in Washington den Wegfall oder die Herabsetzung bestimmter Bestandteile des Standardmenüs der amerikanischen Armee verfügte; zur gleichen Zeit wurden die Rationen von Soldaten, die nur eine sitzende Tätigkeit ausübten, um zehn Prozent gekürzt[11].

Über die Frage der Ernährung wird man also reden können, jedoch nicht über andere Aspekte der amerikanischen Behandlung der DEF. Viele deutsche Gefangene wurden, als sie sich ergaben, um ihr persönliches Eigentum erleichtert, ohne daß sie Quittungen erhalten hätten und meist für immer. Weder Offiziere noch Unteroffiziere und Mannschaften erhielten irgendeine Bezahlung, auch dann nicht, wenn sie zu Arbeiten herangezogen wurden. Auch existierte kein Weg für formelle Beschwerden, da man in den Lagern keine Sprecher zuließ – all das Rechte, die den als Kriegsgefangene klassifizierten Kameraden garantiert waren[12].

Eine solche Behandlung war auch unter den gegebenen Umständen gänzlich überflüssig und kann nur als inhuman bezeichnet werden, zumal in Verbindung mit der Ernährungs- und Unterbringungsmisere, unter der die DEF zu leiden hatten. Der einzige Vorteil, den die DEF im Vergleich zu den Kriegsgefangenen genossen, war die Chance frühzeitiger Entlassung: „So wurden sie zumeist früher entlassen als

[10] William F. Ross/Charles F. Romanus, The Quartermaster Corps. Operations in the War against Germany, Washington 1965, S. 534. Hunderttausende deutscher Gefangener, die in Italien, Österreich und der Tschechoslowakei die Waffen streckten, wurden als DEF eingestuft, doch auf Grund der unterschiedlichen Situation, was Ort und Versorgung betraf, hatten sie nicht unter dem gleichen Lebensmittelmangel zu leiden wie ihre Kameraden in den Rheinlagern.

[11] Ebenda, S. 540 f.

[12] Report of ICRC, Bd. I, S. 539 f.

die Kriegsgefangenen, auf die die amerikanische Regierung auch nach der Kapitulation die Regelungen des Kriegsgefangenen-Abkommens grundsätzlich anwendete."[13]

Wenn man versucht, die Zahl der Gefangenen zu bestimmen, die den Alliierten in die Hände fielen, hängt das Resultat von den benutzten Quellen ab. Doch hält man sich die immensen Quantitäten vor Augen, um die es geht, sind die Unterschiede nicht so groß, wie man erwarten sollte. Von den annähernd elf Millionen, die in Gefangenschaft gerieten, ist der größere Teil den alliierten Truppen einfach in die Arme gelaufen, als der Krieg aufhörte. Nach den amtlichen amerikanischen Berichten aus dem Jahre 1947 befanden sich Ende Mai 1945 in Europa 6 155 468 Deutsche in anglo-amerikanischer Kriegsgefangenschaft, von denen 2 057 138 tatsächlich als Kriegsgefangene klassifiziert waren, 4 098 330 hingegen als DEF bzw. SEP (Dokument 6). Wenn man die zahllosen Fehler bedenkt, die bei der Registrierung von Gefangenen gemacht wurden, war es natürlich offenkundig lächerlich, die Zahlen nicht wenigstens nach dem nächsten Tausend auf- oder abzurunden. Eine spätere Zählung durch deutsche Forscher, die aus vielfältigeren Quellen schöpften, kam für die Zeit der Kapitulation auf 7 745 000 deutsche Gefangene im Westen, von denen sich 3 097 000 in amerikanischem und 3 635 000 in britischem Gewahrsam befanden. Die Zahl für die Sowjetunion wurde von TASS mit 3 180 000 angegeben[14].

Keine dieser Zahlen darf jedoch als exakt angesehen werden; jede dürfte um Hunderttausend oder mehr erhöht oder reduziert werden, ohne ernstlich angefochten werden zu können. Eine sorgfältige Untersuchung der Zahlenfrage, durchgeführt von einer westdeutschen Nachkriegseinrichtung, kam bezeichnenderweise zu der Feststellung: „Die Vereinigten Staaten von Amerika sind die Siegermacht, welche die größte Zahl deutscher Kriegsgefangener in ihrem Gewahrsam hatte. Zuverlässige Angaben über diese Zahl waren nicht zu ermitteln. Die Schätzungen schwanken zwischen 3 1/2 und 8 Millionen."[15] Solche Aussagen lassen freilich genug Raum für Spekulationen über die „vermißte Million" deutscher Soldaten.

Es steht außer Frage, daß Hunderttausende, wahrscheinlich sogar Millionen von Wehrmachtsangehörigen, die sich in der Lage fanden zu wählen, alles taten, um vor britischen und amerikanischen Streitkräften kapitulieren zu können und nicht in die Hände der Russen zu fallen. Es gab damals bereits Gerüchte über die bessere Behandlung in amerikanischer Gefangenschaft, die zum Teil auf Mitteilungen beruhten, die aus den Gefangenenlagern in den Vereinigten Staaten den Weg nach Deutschland gefunden hatten. Auf dieser Basis und auf Grund der sicheren Kenntnisse über die schlimmen Verhältnisse in sowjetischer Gefangenschaft zogen es

[13] Kurt Nothnagel, Die „Dienststelle Fritsch". Ein Beitrag zur Geschichte der Versorgung der entwaffneten deutschen Wehrmachtsangehörigen in der amerikanischen Besatzungszone, 1945–1947, in: Militärgeschichtliche Mitteilungen, H. 21 (1977), S. 53–75.

[14] Erich Maschke, Die deutschen Kriegsgefangenen des Zweiten Weltkrieges. Eine Zusammenfassung, in: Geschichte der deutschen Kriegsgefangenen, Bd. XV, München 1974, S. 206.

[15] BA-MA, B 205/v. 968: Das Schicksal, S. 3.

viele vor, mit letzter Kraft nach Westen zu gelangen, statt da stehenzubleiben, wo sie sich bei der Feuereinstellung gerade befanden. Hierin liegt der offensichtliche Grund dafür, daß die amerikanischen Streitkräfte am Ende mehr deutsche Kriegsgefangene in Gewahrsam hatte als die Truppen aller anderen verbündeten Staaten.

Die Amerikaner machten die ersten deutschen Gefangenen Ende 1942 in den Kämpfen in Nordafrika; bis Mai 1943 war ihre Zahl auf rund 100 000 gewachsen. Von ihnen wurden die meisten in die Vereinigten Staaten gebracht, ebenso jene Deutschen, die in Italien in Gefangenschaft gerieten. Im Jahre 1944 befanden sich 370 000 deutsche Kriegsgefangene in den USA, zu denen dann nur noch wenige hinzukamen, da es nun die Möglichkeit gab, die jetzt gefangengenommenen deutschen Soldaten in Europa selbst unterzubringen. Zu diesem Zeitpunkt brachte jeder Tag zehntausende von neuen deutschen Gefangenen, die zunächst noch in Lagern in Frankreich, Belgien und England verwahrt werden konnten, sodaß die Lage noch eine Weile lang beherrschbar blieb.

In den Akten der amerikanischen Armee ist festgehalten, daß es SHAEF im September 1944 mit 549 756 deutschen Kriegsgefangenen zu tun hatte. Bis zum Jahresende stieg die Zahl auf 811 796, im April 1945 war die Millionenmarke überschritten, und vom 1. Mai, als die deutschen Kriegsgefangenen in amerikanischer Hand auf mehr als 3 Millionen geschätzt wurden, bis zum 8. Mai, nur eine Woche später, wuchs die Heerschar der Gefangenen auf überwältigende 4 005 732. Die höchste Zahl, die einige Zeit später in den SHAEF-Akten auftaucht, ist 7 200 000, wobei allerdings die von den Briten gemachten Gefangenen vermutlich mitgezählt sind[16]. Ein Problem, das wenige Wochen zuvor noch handhabbar gewesen war, hatte nun eine Dimension erreicht, vor der konventionelle Mittel und Methoden versagen mußten.

Die Kommandeure der amerikanischen Einheiten hätten, mit einer solchen Flutwelle sich ergebender deutscher Soldaten konfrontiert, das sorgfältig zusammengestellte „Handbook Governing Policy and Procedure for the Military Occupation of Germany“ konsultieren sollen. Von SHAEF gegen Ende 1944 zusammengestellt und im April 1945 revidiert, erwies sich jedoch das Handbuch als jammervoll unzulänglich für amerikanische Offiziere, die plötzlich mehr deutsche Gefangene zu kontrollieren versuchen mußte als sie eigene Soldaten unter ihrem Kommando hatten: „ Ihre Zahl warf für die amerikanische Gewahrsamsmacht organisatorische Probleme auf, die auch bei gutem Willen unlösbar waren.“[17]

Während der kritischsten Periode der Gefangenenverwahrung, von April bis Juli 1945, pferchten die Amerikaner eine große Anzahl deutscher Kriegsgefangener in sogenannten „Konzentrationsgebieten“ am Rhein zusammen. In diesen „Rheinwiesenlagern“, wie sie von den Gefangenen selbst genannt wurden, waren unter den deutschen Kriegsgefangenen in amerikanischem Gewahrsam die meisten Todesfälle zu verzeichnen. In einiger Eile hatten durchziehende amerikanische Einheiten diese

[16] Disarmament and Disbandment, S. 27.

[17] Kurt W. Boehme, Die deutschen Kriegsgefangenen in amerikanischer Hand. Europa, in: Geschichte der deutschen Kriegsgefangenen, Bd. X,2, München 1973, S. IX.

Lager im April als temporäre Verwahrungsstätten angelegt. Als „Prisoner of War Temporary Enclosures" (PWTE) bezeichnet, sollten die Lager die Gefangenen nur vorübergehend bis zu einer weiteren Verlagerung oder bis zur Entlassung beherbergen, doch saß in ihnen bald etwa eine Million Männer (Dokument 7). Im Mai gab es schon mehr als ein Dutzend dieser Lager, und in einem Streifen, der hart nördlich von Düsseldorf begann und bis in den Raum südlich von Mannheim reichte, waren weitere im Bau. Die größte Anzahl befand sich in der Umgebung von Koblenz und Mainz[18].

In hoffnungsloser Unklarheit über die tatsächliche Zahl der Gefangenen in ihrer Hand (Dokument 8), scheinen die Amerikaner auch die Örtlichkeiten der Unterbringung nicht immer richtig festgehalten und überliefert zu haben. Neuere Forschungen der Stadtverwaltung von Bad Kreuznach stellen z. B. amerikanische Listen in Frage, in denen Bad Kreuznach und Winzenheim (Dokument 7) als zwei getrennte DEF-Lager aufgeführt sind: „Da es nur eine Gemeinde mit dem Namen Winzenheim gibt (...) und sie nur 3 Kilometer von der Gemeinde Bad Kreuznach-Bretzenheim entfernt ist, kann man annehmen, daß das Lager Winzenheim tatsächlich das von Bad Kreuznach-Bretzenheim ist (...). Nach unserem Verständnis hat das Lager Bad Kreuznach zuerst im Bezirk ‚Galgenberg' existiert. Das erklärt den Namen. Dieses Lager wurde Anfang April errichtet, während das Lager Bad Kreuznach-Bretzenheim nicht vor Ende April angelegt wurde."[19]

Etliche der Lager blieben nicht lange unter amerikanischer Kontrolle, da Eisenhower mehr als 350 000 Gefangene, die „stellvertretend" festgehalten worden waren, bald den Briten übergab. Im Juni 1945 kamen die Lager Rheinberg, Büderich und Wickrathberg unter britische Aufsicht. Im Juli wurden die Lager Bad Kreuznach-Bretzenheim, Sinzig, Andernach und Koblenz entweder aufgelöst oder den Franzosen unterstellt[20]. Dieser interalliierte Austausch von Gefangenen, noch dazu so kurz nach Kriegsende und vor irgendeiner Vereinbarung über ein Standardsystem der Zählung, zeitigte ebenfalls grobe Fehlrechnungen. Manchmal wurden Gefangene bei derartigen Transfers doppelt oder auch dreifach gezählt, und Zahlenangaben gerieten zu bloßen Schätzungen, als die Amerikaner Gefangene vor irgendeiner Zählung entließen oder an andere Mächte überstellten. Verzweifelt ob der Unmöglichkeit, aus einem solchen statistischen Alptraum die Wirklichkeit herauszufiltern, wandte sich der Suchdienst des Roten Kreuzes um Hilfe an das amerikanische Hauptquartier in Frankfurt. Die Antwort fiel nicht ermutigend aus: „Ehemalige Angehörige der deutschen Wehrmacht, die von der amerikanischen Armee nach der Kapitulation – was für den größten Prozentsatz gilt – gefangengenommen und dann binnen kürzester Zeit in Entlassungslagern freigelassen worden sind, wurden nicht registriert, weshalb es über dieses Personal in unserer Zentrale keine Unterlagen gibt."[21]

[18] Ebenda, Karte 6: Die amerikanischen Kriegsgefangenenlager in Deutschland.

[19] Brief an den Verfasser von Gertrude Schuster, Stadtverwaltung Bad Kreuznach. Boehme (Anm. 17) macht in seinem Buch keine derartigen Unterscheidungen.

[20] BA-MA, B 205/v. 1399: Report of Operations, 8 May 1945–30 September 1945, Office of the Theatre Provost Marshal, S. 1f.

[21] BA, B 150/306: Note to Deutsches Buero für Friedensfragen vom 9. Juni 1949.

Zur Komplexität der Situation trug ferner bei, daß die Amerikaner zahlreiche deutsche Zivilisten, sogenannte „automatic arrests", die wegen ihrer politischen Belastung inhaftiert worden waren, zusammen mit Kriegsgefangenen internierten. Die Zahl solcher Zivilisten ist auf nicht weniger als 1,5 Millionen geschätzt worden[22]. Doch machten sich die Amerikaner über derartige Probleme keine Gedanken und fuhren damit fort, in den ersten Wochen und Monaten nach der Kapitulation so viele Gefangene wie möglich zu transferieren oder zu entlassen. In der Auflösungsdirektive Nr. 1 ermächtigte SHAEF die Lager schon in der ersten Woche nach Kriegsende zur Entlassung von Landwirten, von Berg- und Transportarbeitern und von Personal in bestimmten Schlüsselstellungen. Nach den nächsten Direktiven im Juni und Juli wurden Frauen und Männer über 50 entlassen (Dokument 9): „Die Armee arbeitete gegen die Zeit. Wenn die Briten die auf sie entfallenden Gefangenen und Truppenverbände nicht akzeptierten oder wenn nicht eine beträchtliche Anzahl entlassen wurden, mußten die Rationen (...) noch im Laufe des Monats [Juni] zu Ende gehen."[23]

Über die Befolgung der Auflösungsdirektiven hinaus verlangte SHAEF von den Truppenbefehlshabern keine spezifischen Schritte bei den Entlassungsverfahren, doch legten die meisten Befehlshaber eine schnelle und simple Prozedur fest. Eine kleine Gruppe von Amerikanern war, unterstützt von einem stattlichen deutschen Stab, in der Lage, pro Tag etwa acht bis zehntausend Gefangene abzufertigen. Gewöhnlich geschah das in Lagern, die in der Nähe von Bahnhöfen angelegt worden waren, damit die entlassenen Gefangenen mit der Bahn in ihre Heimatorte geschafft werden konnten, wenn auch viele mit Lastwagen transportiert werden mußten. Wenn die Gefangenen an einem der Entlassungszentren ankamen, fand eine schnelle Prüfung statt, die feststellen sollte, ob sie für die Entlassung in Frage kamen. Etliche wurden sofort ausgesondert, entweder weil sie an der eintätowierten Blutgruppe als Angehörige der SS zu erkennen waren oder weil man sie nach einer körperlichen Untersuchung als für die Entlassung zu krank befand. Die verbleibenden Gefangenen sahen sich dann durch einen Klassifizierungsprozeß geschleust, der mit der Entlassung enden konnte, aber auch mit dem Transfer zu einer Arbeitseinheit oder mit „automatischem Arrest"[24].

Ein Gefangener, der nach Hause entlassen wurde, hatte sein Soldbuch abzugeben und – in dreifacher Ausfertigung – ein „Personal Data Sheet" auszufüllen, das Fragen zum Wehrdienst, nach der Heimatadresse und nach dem Beruf enthielt. Nach der Entlassung und nach einer medizinischen Untersuchung, die von deutschen Ärzten durchgeführt wurde, bekam er schließlich seinen Entlassungsschein, auf dem sich in englischer und deutscher Sprache die notwendigen Angaben zur Person und ein Vermerk befanden, daß der Betreffende frei von ansteckenden Krankheiten sei, dazu

[22] BA-MA, B 205/v. 968: Das Schicksal, S. 13.

[23] Ziemke, U. S. Army in the Occupation, S. 293.

[24] Disarmament and Disbandment, S. 25f. Später wurden mehrere große Entlassungszentren für die unter amerikanischer Kontrolle stehenden Kriegsgefangenenlager in Deutschland eingerichtet.

ein Abdruck des rechten Daumens und die Unterschrift des amerikanischen Offiziers, der für die Entlassungsprozedur zuständig gewesen war. In manchen Lagern erhielt der entlassene Gefangene noch ein wenig Verpflegung für die Fahrt nach Hause ausgehändigt[25].

Nun ist es aber ganz offensichtlich, daß eine große Anzahl von deutschen Kriegsgefangenen diesen Entlassungsprozeß nicht durchliefen. Es gibt über sie keine Aufzeichnungen, und amerikanische Armeestellen gestanden auch ein, viele Gefangene ohne formelle Entlassung freigelassen zu haben. Da zahlreiche Gefangene, namentlich der DEF-Kategorie, sich nach der Ankunft im Heimatort ohne das benötigte Entlassungspapier fanden, kam es häufig vor, daß solche ehemaligen Gefangenen bei einem Entlassungslager auftauchten, um dort die formelle Entlassung nachzuholen. Manche hatten Erfolg, manche wiederum, die während des Verfahrens entdeckt wurden, sahen sich noch eine Weile festgehalten, ehe man ihnen, nach einer etwas gründlicheren Überprüfung, den Entlassungsschein aushändigte. Andere warteten einfach ab, bis ein oder zwei Jahre vergangen waren, und beantragten dann einen Entlassungsschein, der zu diesem Zeitpunkt praktisch automatisch ausgestellt wurde. Viele jener Gefangenen, die kurz nach der Einstellung der Feindseligkeiten den Franzosen übergeben worden waren, wurden nie dem formellen Entlassungsverfahren unterworfen; sie erhielten später ohne weiteres einen Entlassungsschein, falls sie in einen Heimatort zurückkehrten, der in der amerikanischen Besatzungszone lag[26].

Die Wochen- und Monatsberichte der amerikanischen Armee lassen darauf schließen, daß die Amerikaner im Laufe des Sommers 1945 mehr als zwei Millionen Gefangene entlassen und mehr als anderthalb Millionen transferiert haben (Dokument 9 und 10). Die Wochenberichte zeigen eine ansteigende Todesrate, die bis September auf über 11 000 stieg (Dokument 9), während die im Juli einsetzenden Monatsberichte Todesfälle nicht getrennt aufführten, sondern in einer Sparte, die unter der Überschrift „Sonstige Abgänge" (Other Losses) (Dokument 10) „Todesfälle und Desertionen" erfaßte, dazu „Volkssturm und andere Gefangene, die zunächst gemeldet und dann ohne formelle Entlassung freigelassen worden waren" (Dokument 11).

Sucht man Deutschlands „vermißte Million" aufzuspüren, so ist es von entscheidender Bedeutung, daß man „Sonstige Abgänge" nicht einfach mit Todesfällen gleichsetzt. Wenn die Berichte der amerikanischen Armee und der Militärregierung bis Dezember 1945 mehr als zwei Millionen „Sonstige Abgänge" verzeichnen (Dokument 11), so ist ganz klar, daß damit nicht gemeint ist, zwei Millionen Gefangene seien in den Lagern gestorben; nicht einmal die schärfsten Kritiker der amerikanischen Behandlung deutscher Kriegsgefangener setzen die Todesrate so

[25] Ebenda, S. 26, 70. Ein Entlassungsschein war für den entlassenen Kriegsgefangenen wichtig, da er ihn brauchte, um einen Personalausweis zu bekommen, um beim Arbeitsamt registriert zu werden, um Lebensmittelkarten zu erhalten usw. Offensichtlich kamen aber viele Gefangene, die ohne Schein entlassen wurden oder geflohen waren, ganz gut ohne ein solches Papier aus, indem sie sich auf dem Schwarzen Markt versorgten oder wohlwollende lokale Beamte fanden.

[26] Ebenda, S. 27 ff.

hoch an[27]. Die Zahl der in amerikanischer Gefangenschaft verstorbenen Deutschen ist in der Sparte „Sonstige Abgänge" enthalten, doch gilt das z. B. ebenso für Desertionen, von denen es zehntausende gab, wahrscheinlich noch viel mehr, da sonst die Gesamtzahl keine solche Höhe hätte erreichen können.

Die Sprache, die bei der Beschreibung der „Sonstigen Abgänge" gebraucht wurde, läßt eine bestimmte Logik vermissen. Das ist nicht untypisch für die Tarnsprache, deren sich die Armee bediente, wenn sie versuchte, irgendwelche Mißstände auf dem Papier zu schönen. Wie konnte es zum Beispiel für die Zeit vom 8. Mai bis zum 15. Dezember 1945 „eine vollständige statistische Nachermittlung" (Dokument 11) geben, wenn hunderttausende entlassener deutscher Soldaten überhaupt nicht registriert worden waren? Die Verantwortung für die Schlamperei bei der Erfassung der deutschen Kriegsgefangenen begann ganz oben. General Eisenhower und SHAEF räumten dem Problem keine Priorität ein, und die Armee reagierte natürlich nur auf eindeutig ernstgemeinte Befehle und Weisungen. Zwar erhielten die Truppenbefehlshaber Berichtsformulare, die, systematisch und gewissenhaft ausgefüllt, durchaus ein leidlich genaues Bild davon vermittelt hätten, wieviele Gefangene gemacht worden waren, wieviele starben und wieviele entlassen wurden[28]. So aber wurde die ganze Frage gleichgültig behandelt, als unwichtige Sache. Akten entstanden, wenn es gerade paßte, und wenn es nicht paßte, wurden eben keine angelegt. Erhielten die unteren Dienststellen die Aufforderung, Berichte über Kriegsgefangene zu erstatten, verfügten sie aber über kein solides Material, so lieferten sie grobe Schätzungen, die von den höheren Stäben ohne weiteres als genügend und als richtig akzeptiert wurden.

Als die amerikanischen Armeen deutsche Kriegsgefangene schon im Mai 1945 zu entlassen begannen und sich dabei mit minimalen bürokratischen Prozeduren begnügten, deutete dies auf eine Politik der frühen Entlassung aller Gefangenen, von einem kleinen Rest abgesehen[29], hin, auf eine Politik mithin, die den Verpflegungsapparat der Armee entlastete und zugleich der Kritik an der Umgehung der Genfer Konvention durch die Umwandlung der POWs in DEF die Spitze nahm. Tatsächlich wurde diese

[27] Bacque (Der geplante Tod, S. 14f., 247ff.) stellt die ridiküle Behauptung auf, daß unter „Other Losses" (Sonstige Abgänge) Todesfälle zu verstehen seien. Daß dem nicht so ist, hätte er schon durch die Lektüre der Monatsberichte des Militärgouverneurs feststellen können.

[28] Es wurden vier Formblätter gedruckt: 1. „Nominal Roll" (Area Control Form P. 1.), wo die POWs und die DEF mit Namen, Rang und der Nummer auf der Erkennungsmarke aufgeführt waren. 2. „Strength Return of German Armed Forces Personnel" (Area Control Form P. 2.), wo die Gefangenen getrennt nach Waffengattung registriert waren; auch wurde zwischen Offizieren, Unteroffizieren und Mannschaften und Frauen unterschieden. 3. „Increase/Decrease Statement of German Armed Forces" (Area Control Form P. 3.), wo Zahlenveränderungen in allen Kategorien seit dem letzten Bericht festgehalten wurden. 4. „Personal Data Sheet" (Area Control Form P. 4.), das von jedem Gefangenen die Nennung der Einheit, des Rangs, der Nationalität, der Heimatadresse, der nächsten Angehörigen, des Alters und des Berufs verlangte.

[29] Die meisten amerikanischen Einheiten kümmerten sich wenig um die Direktiven für die Entlassung bestimmter Kategorien von Gefangenen, sondern entließen so viele, wie sie eben durchschleusen konnten. Vgl. Ziemke, U. S. Army in the Occupation, S. 293.

Politik der raschen Entlassung durch einen großen Teil des Sommers hindurch unvermindert fortgesetzt, um sich dann aber zu verlangsamen, als die Ansprüche anderer Nationen auf deutsche Gefangene befriedigt und die Arbeitskompanien verstärkt werden mußten. Bis Anfang August 1945 hatten die Amerikaner rund zwei Drittel ihres Gesamtbestandes an Gefangenen auf diese Weise freigelassen. Möglicherweise hing es damit zusammen, daß „Sonstige Abgänge" im September deutlich zurückgingen (Dokument 10), dann jedoch wieder stetig zunahmen (Dokument 11). Eine in Washington getroffene Entscheidung, nun auch mit dem Rücktransport jener 370 000 Gefangenen zu beginnen, die sich in den Vereinigten Staaten befanden, erforderte die Räumung einiger der existierenden Lager und die Organisierung des Transfers einer stattlichen Anzahl von Gefangenen nach Frankreich und England.

Ein beträchtlicher Teil der deutschen Kriegsgefangenen, die in amerikanischem Gewahrsam „auf Lager" blieben, wurde in Arbeitskompanien zusammengefaßt und sowohl in Deutschland selbst – d. h. in der amerikanischen Zone – wie in anderen kontinentaleuropäischen Länder eingesetzt. Es gab mehr als zweitausend solcher Arbeitskompanien, denen rund 600 000 Gefangene angehörten. Die meiste Zeit war ihre Verpflegung besser als die der Zivilbevölkerung, doch hatten sie immer wieder gefährliche Arbeiten zu verrichten[30]. Für die in Deutschland Beschäftigten war die Versuchung zur Flucht groß, und viele konnten der Anziehungskraft der Heimat nicht widerstehen. Über die Zahl der Geflüchteten gibt es keine genauen Angaben, aber der Entlassungsschein stellte jedenfalls kein Problem dar; tausende solcher Scheine wurden später ohne unangenehme Fragen ausgestellt[31].

Transfers von Gefangenen gab es von einer Besatzungszone in eine andere, wenn zum Beispiel die Amerikaner Kriegsgefangene, die außerhalb der amerikanischen Zone zu Hause waren, in die betreffende Besatzungszone entließen oder dorthin überstellten. Manchmal nannten Gefangene, denen dieses Verfahren bekannt geworden war, eine falsche Heimatadresse, die es ihnen erlaubte, nach der Entlassung in der amerikanischen Zone zu bleiben. Im Gefühl der Sicherheit, das ihnen der amerikanische Entlassungsschein gab, konnten sie sich dann überlegen, ob ein Besuch zu Hause ohne allzu großes Risiko möglich war. Die Entscheidung mußte sorgfältig erwogen werden, da die vier Besatzungsmächte in Transfer- und Entlassungsfragen keine einheitliche Politik verfolgten, obschon eine Vier-Mächte-Direktive, die im November 1945 unterzeichnet wurde, besagte, daß eine solche Politik festgelegt werden müsse. Die Sowjetunion und Frankreich zollten den von Engländern und Amerikanern ausgestellten Entlassungsscheinen nicht immer Respekt, und Kriegsgefangene, die mit derartigen Papieren ausgerüstet in die sowjetische oder französische Zone zurückkehrten, riskierten es, wieder festgenommen zu werden.

[30] Arthur L. Smith, Jr., Heimkehr aus dem Zweiten Weltkrieg. Die Entlassung der deutschen Kriegsgefangenen, Stuttgart 1985, S. 25f.

[31] In einem überlieferten Fall verlor eine bei Kelsterbach eingesetzte deutsche Arbeitskompanie, die von polnischem Personal bewacht wurde, rund 100 Gefangene durch Flucht; Boehme, Die deutschen Kriegsgefangenen in amerikanischer Hand. Europa, Bd. X, 2, S. 125.

Eine noch umstrittenere Form des Transfers bestand darin, daß eine Nation deutsche Kriegsgefangene, die sie in ihrem Gewahrsam hatte, einem anderen Staat als Arbeitskräfte zur Verfügung stellte. Das taten vor allem die Vereinigten Staaten, die mehr als eine Million Gefangene aus diesem Grunde transferierten, in erster Linie an Frankreich. Wer das Glück hatte, in englischen Gewahrsam zu kommen, fand sein Los in der Regel verbessert, wer aber unter französische Kontrolle geriet, hatte es von nun an meist schlechter. Rechtlich gesehen blieben die Vereinigten Staaten verantwortlich für die Aufsicht über die Behandlung der transferierten Gefangenen.

Kriegsgefangene gingen auch an andere Staaten, und Holland, Belgien und Luxemburg machten ebenfalls Ansprüche auf Gefangenenarbeit geltend. Der Sowjetunion boten die Vereinigten Staaten Gefangene an, doch lehnte die sowjetische Regierung ab, und zwar mit dem Hinweis auf die mehr als zwei Millionen deutsche Kriegsgefangene, die bereits in der Sowjetunion beschäftigt seien, im übrigen, auf Grund ihres unterernährten Zustands, mit unbefriedigendem Ergebnis[32].

Primärquelle zur Klärung der Frage, wieviele Kriegsgefangene transferiert wurden und wohin, ist die Masse jener Dokumente, die vom amerikanischen Personal stammen, das die Transfers abgewickelt hat. Unglücklicherweise sind sie ebenso fehlerhaft wie alle anderen militärischen Akten, die sich mit dem Problem der deutschen Kriegsgefangenen beschäftigen. Das Material wimmelt von widersprüchlichen Statistiken und grob ungenauen Schätzungen. Ohne Vergleichswerte ist eine Bereinigung nicht möglich. Noch vor Kriegsende hatten sich die Vereinigten Staaten bereit erklärt, einigen alliierten Staaten deutsche Kriegsgefangene für den Wiederaufbau zur Verfügung zu stellen. Vom 50 zu 50-Arrangement mit Großbritannien abgesehen, waren jedoch keine Zahlen und Quoten festgelegt worden. Nach den Tages- und Wochenberichten, die nach der Kapitulation von Stellen der amerikanischen Armee in Kriegsgefangenenfragen erstattet wurden, ist evident, daß Hunderttausende von Gefangenen an Frankreich, England, Belgien und Luxemburg (Dokument 8 und 9) ausgeliefert wurden. In den Berichten werden sogar präzise Zahlen genannt. Eben diese Genauigkeit muß aber ernste Zweifel an der Richtigkeit der Zahlen wecken.

Ein amerikanischer Kriegsgefangenenbericht vom Juli 1945, entstanden im Amt des Militärgouverneurs, hielt fest: „An Frankreich 800 000 [deutsche Gefangene] zur Arbeit, um unsere Gesamtverpflichtung von 1 300 000 für die Zeit nach dem Sieg in Europa zu vervollständigen. (...) An Belgien 30 000 und an Luxemburg 5 000."[33] Diese Zahlen wurden später in mehreren deutschen Quellen angefochten, die freilich bei der Feststellung exakter Angaben keineswegs Einmütigkeit boten. Eine Quelle bezifferte die deutschen Kriegsgefangenen, die von den USA an Frankreich ausgeliefert wurden, auf 765 000 Mann[34], eine andere Quelle kam auf eine niedrigere Zahl: „Auf Grund von

[32] James F. Byrnes, Speaking Frankly, New York 1947, S. 169.

[33] Monthly Report vom 20. August 1945, Demobilization of German Ground Forces, S. 3.

[34] Maschke, Zusammenfassung, in: Geschichte der deutschen Kriegsgefangenen, Bd. XV, S. 239. Boehme nennt hingegen 740 000 an Frankreich übergebene Gefangene; vgl. Die deutschen Kriegsgefangenen in amerikanischer Hand. Europa, in: Ebenda, Bd. X, 2, S. 68.

Vereinbarungen, deren Inhalt nicht näher bekannt ist, erhielt Frankreich insgesamt 740 000 deutsche Kg., die zur Arbeitsleistung bestimmt waren."[35]

Die Vereinigten Staaten begannen mit der Überstellung deutscher Kriegsgefangener in französischen Gewahrsam bereits im März 1945, und zwar auf der Basis einer Vereinbarung, die einige Wochen zuvor getroffen worden war. Die Übereinkunft legte fest, daß die Gefangenen nach den Bestimmungen der Genfer Konvention zu behandeln seien (Dokument 5). Doch kurz nach dem Krieg schätzten Vertreter des Internationalen Roten Kreuzes, daß annähernd 200 000 der einen Million deutscher Kriegsgefangener in französischen Händen am Verhungern seien: „Die Zahl der Fälle von Hungerödemen und allgemeiner Entkräftung nahm zu, und viele endeten wahrscheinlich tödlich, nachdem die täglichen Rationen unter tausend Kalorien gesunken waren. Überdies waren die Lager überfüllt, weil die Vereinigten Staaten 200 000 Gefangene an Frankreich abgetreten hatten"[36]. Der Bericht erwähnte nicht, daß der Transfer deutscher Gefangener in amerikanischer Hand auf Grund dringlicher Vorstellungen Frankreichs erfolgt war.

Im August 1945 unterrichtete das Internationale Komitee des Roten Kreuzes die alliierten Regierungen offiziell über seinen Standpunkt, demzufolge transferierte Kriegsgefangene nach dem Transfer die gleiche Behandlung erhalten mußten wie zuvor. Unerwähnt blieben zu diesem Zeitpunkt die Feststellungen der Vertreter des Roten Kreuzes, daß die deutschen Gefangenen in französischem Gewahrsam vielfach an Unterernährung litten. Einige Wochen später, in einer direkten Demarche bei der amerikanischen Regierung, drängte jedoch das Internationale Komitee in stärkster Sprache darauf, sofort Maßnahmen zur Rettung der hungernden deutschen Gefangenen in französischer Hand zu ergreifen; dabei wurden über Verpflegung, Kleidung und medizinische Versorgung genaue Angaben gemacht[37].

Frühere Berichte des Internationalen Komitees über den Zustand deutscher Kriegsgefangener waren auf amerikanischer Seite stets mit einiger Skepsis aufgenommen worden, da viele Angehörige der amerikanischen Armee die Meinung gewonnen hatten, das Rote Kreuz habe eine Tendenz zu „allzu humanen" Urteilen. Diesmal führte der Bericht jedoch zu sofortigen Schritten, und noch ehe der Monat zu Ende ging, erhielten alle Stellen der amerikanischen Armee die Weisung, weitere Transfers von deutschen Gefangenen nach Frankreich zu stoppen. Zugleich wurde die Rückführung jener Gefangener eingeleitet, die sich in der schlechtesten Verfassung befanden (Dokument 12). Unter dem Decknamen „Operation A [merican]" begannen die amerikanischen Militärbehörden sofort tausende unterernährte deutsche Kriegsgefangene aus Lagern in Frankreich herauszuholen und wieder in amerikanischen Gewahrsam zu nehmen. Um die Lage für die in Frankreich verbleibenden Gefangenen zu verbessern, stellten sie aus den dort befindlichen Lebensmitteldepots der amerikanischen Armee mehr als 350 000 Tonnen Nahrungsmittel für die deutschen

[35] BA-MA, B 205/v. 968: Das Schicksal, S. 14.

[36] Report of ICRC, Bd. III, S. 110.

[37] Ebenda.

Gefangenen zur Verfügung; die amerikanischen Stellen arbeiteten dabei mit dem Internationalen Komitee des Roten Kreuzes zusammen[38].

Bald nach dem Abschluß von „Operation A" hoben die amerikanischen Behörden den Stop des Transfers deutscher Kriegsgefangener nach Frankreich wieder auf, und das Verfahren begann von neuem. Abermals verpflichtete sich Frankreich, die Genfer Konvention zu beachten (Dokument 13), doch binnen weniger Monate verschlechterte sich der Gesundheitszustand der deutschen Gefangenen derart, daß das Internationale Rote Kreuz wiederum über weit verbreitete Unterernährung zu berichten hatte (Dokument 12).

Während die amerikanischen Bemühungen weiter gingen, alle deutschen Kriegsgefangenen so rasch wie möglich zu entlassen, setzte Washington die anderen Alliierten, auch Frankreich, unter Druck, das gleiche zu tun. Die fortgesetzte Verwendung deutscher Gefangener als Zwangsarbeiter begann die öffentliche Meinung in den Vereinigten Staaten zu erregen, besonders in den Reihen der Gewerkschaften. Ähnliche Proteste machten sich in Großbritannien bemerkbar. Die Franzosen hielten jedoch an ihrer Auffassung fest, daß weder die Vereinigten Staaten noch England im Krieg einen solchen Verlust von Arbeitskräften an die Deutschen erlitten hätten wie ihn Frankreich erlitten habe. Von der Behauptung ausgehend, daß sie die deutsche Besetzung 500 000 Mann gekostet habe, betrachteten die Franzosen die Nutzung deutscher Kriegsgefangenenarbeit als unverzichtbar für den Wiederaufbau des eigenen Landes. Die Frage entwickelte sich zu einem Zankapfel in den französisch-amerikanischen Beziehungen, den die Franzosen schließlich dadurch aus der Welt schafften, daß sie deutsche Kriegsgefangene als Kontraktarbeiter auf freiwilliger Basis anheuerten. Wer einen Arbeitsvertrag nicht als Vorbedingung der Entlassung akzeptieren wollte, sollte freigelassen werden, doch wurde die Entlassungsrate auf monatlich 20 000 festgesetzt, wobei Männer, die älter als 50 Jahre waren oder ihre Gegnerschaft zum Nationalsozialismus beweisen konnten, Vorrang genossen. Da noch mehr als 500 000 Gefangene festgehalten wurden, war eine derartige Politik offensichtlich darauf berechnet, mehr Freiwillige für Arbeitskontrakte zu bekommen; die Ergebnisse blieben freilich enttäuschend[39].

Aus einer Untersuchung dieser anglo-französischen Differenzen über die Behandlung der Frankreich zur Verfügung gestellten Kriegsgefangenen gehen die Amerikaner keineswegs makellos hervor. In dem Bestreben, möglichst viele ihrer deutschen Kriegsgefangenen loszuwerden, hatten die amerikanischen Militärbehörden alle französischen Transferwünsche prompt erfüllt. Die amerikanische Reaktion auf französische Vertragsverletzungen blieb in mindestens zwei Fällen relativ milde, was auch die Deutschland gegenüber noch immer vorherrschende Bestrafungsmentalität widerspiegelte. Eine unausgesprochene Politik, die deutschen Kriegsgefangenen für einen Gutteil des der Welt zugefügten Elends verantwortlich zu machen, schien den meisten Amerikanern ganz logisch zu sein.

[38] Ebenda, S. 111.
[39] Smith, Heimkehr aus dem Zweiten Weltkrieg, S. 89ff.

Dem durchschnittlichen amerikanischen Soldaten, beeinflußt von Propaganda und Kriegserlebnis, galt ein Angehöriger der deutschen Streitkräfte als Werkzeug zur Verübung der nationalsozialistischen Verbrechen; die meisten unterschieden nicht zwischen überzeugten Nationalsozialisten und Deutschen[40]. Diese Haltung erhielt kräftige Nahrung, als die Verhältnisse in den befreiten Konzentrationslagern bekannt wurden, also genau zu der Zeit, da sich die Masse der deutschen Soldaten ergab. Jedes potentielle Mitgefühl mit den deutschen Kriegsgefangenen, die in verzweifelten Umständen lebten, wurde zunächst abgeblockt: „Es sind (...) anscheinend Befehle ergangen, wonach die deutschen Gefangenen scharf anzufassen seien. Die feindselige Stimmung gegen Deutschland und das ganze deutsche Volk, die durch die Untaten Hitlers hervorgerufen war, hatte damals ihren Höhepunkt erreicht."[41]

Auch die Art des deutschen Zusammenbruchs trug dazu bei, die Sympathien für die deutschen Kriegsgefangenen zu dämpfen, wenn Hunderttausende, oft eine ganze Armee, für diejenigen, die sie gefangennahmen, sehr schnell zu einer gesichtslosen Masse wurden. Jede individuelle Identität ging verloren, als diese unglückseligen Menschen in überwältigender Anzahl in die amerikanischen Lager strömten. Das Ende des Krieges im Bewußtsein und vom Wunsch nach Heimkehr beherrscht, zeigte sich der amerikanische G. I. gegenüber dem Schicksal der Kriegsgefangenen völlig gleichgültig. Selbst die Armeestellen mußten einräumen, daß die Soldaten jedes Interesse an den noch anstehenden Aufgaben verloren hatten[42].

Eine Bewertung der amerikanischen Kriegsgefangenenpolitik kommt um die Feststellung nicht herum, daß diese inkonsistent und völlig inadäquat war. Ein großer Teil der späteren Probleme resultierte daraus, daß die amerikanischen Planer das potentielle Kriegsgefangenenproblem nicht ernster genommen hatten. Vom ersten Moment an zögerte man, das Problem als in amerikanischer Verantwortung liegend anzuerkennen und entsprechende Maßnahmen zu ergreifen, und 1945 war es dazu zu spät.

[40] Arthur L. Smith, Jr., Feindbild Deutschland. Die politische Erziehung der amerikanischen Soldaten im Zweiten Weltkrieg, in: Günther Wagenlehner (Hrsg.), Feindbild. Geschichte – Dokumentation – Problematik, Frankfurt a. M. 1989, S. 75–83.

[41] BA–MA, B 205/v. 968: Das Schicksal, S. 52.

[42] Monthly Report, Nr. 6, S. 2f.

II. Gefangenschaft im Westen

Deutsche, die sich 1945 den Truppen der westlichen Alliierten ergaben und dann in Lagern auf deutschem Boden festgehalten wurden, machten ganz andere Erfahrungen als die Gefangenen der vorangegangenen Kriegsjahre. Das lag nicht nur an der Klassifizierung, die ihnen Amerikaner und Briten aufoktroyierten (DEF/SEP), sondern vor allem auch daran, daß sie, anders als ihre Monate oder gar Jahre zuvor in Gefangenschaft geratenen Kameraden, Zeugen einer totalen militärischen und politischen Niederlage waren, der Zerstörung von Land und Nation. Noch unter dem Schock der zahllosen Luftangriffe, die den Tod auf ihre Städte herabregnen ließen, streckten sie vor den siegreichen Invasoren schicksalsergeben die Waffen. Unfähig, schon das volle Maß ihrer Katastrophe zu erfassen, sahen sie sich in die alliierten Kriegsgefangenenlager getrieben. Manche trafen es einigermaßen gut, andere nicht, doch alle wollten zumindest ihre Familien verständigen, daß sie noch am Leben waren:

„Eine der großen Schicksalsfragen für die im Nachkriegschaos hausenden Familien hieß: Ist mein Angehöriger gefallen oder in Gefangenschaft geraten? Die Ungewißheit war besonders im letzten Halbjahr des Krieges angewachsen, als es zwischen Front und Heimat keine Verbindung mehr gegeben hatte. Jetzt hieß es darauf warten, ob der Vermißte schreiben oder von Heimkehrern als Gefangener gemeldet würde. Löste sich, wenn er als Gefangener schrieb, das Rätsel von selbst, so wurde die Sache um so beunruhigender, wenn er von Heimkehrern in einem Lager gesehen worden war, aber nicht schrieb. Er blieb, weil ohne eigenes Lebenszeichen, ein verschollener Kriegsgefangener. Aber auch einer, der geschrieben hatte, konnte wieder zum Verschollenen werden, dann nämlich, wenn seine Post plötzlich ausblieb und der Gewahrsamsstand seiner Familie nicht sagte, ob er etwa verstorben sei“[1].

Anscheinend sind für die Gefangenen unbeabsichtigt, nicht als Ergebnis kalkulierter Politik, mehr Mühsale geschaffen worden als notwendig, wenn auch die Behandlung unterschiedlich war und es manchen schlechter ging als anderen. Genauer gesagt, wer im Endstadium des Krieges und unmittelbar danach in amerikanische Gefangenschaft geriet und in Lager am Westufer des Rheins kam, hatte das schlechteste Los gezogen. Die entscheidenden Faktoren waren Zeit und Ort der Gefangennahme; bestimmte Zeiten und bestimmte Orte standen am Anfang eines Weges, der oft zu schlechter Behandlung und zum Tode führte.

Noch vor der Feuereinstellung hatte sich das Kriegsgefangenenproblem im Westen zu einem statistischen Alptraum entwickelt, doch wirklich schlechte Behand-

[1] Maschke, Zusammenfassung, in: Geschichte der deutschen Kriegsgefangenen, Bd. XV, S. 386.

lung gab es nur in den Lagern am Rhein. Natürlich kamen auch anderswo Übelstände vor, aber weder so regelmäßig noch in dem Ausmaß wie in den „Rheinwiesenlagern". Offizielles Material über die Vorgänge und die Verhältnisse in diesen Lagern ist spärlich, ja kaum existent. Die Berichte der Armeestellen schweigen sich über die Zustände in den Lagern aus, enthalten lediglich knappe statistische Angaben. Nimmt man die Zahlenkolonnen in den Mitteilungen der Armee einfach so, wie sie dastehen, sagen sie nichts aus über miserable Ernährung, schlechte Unterbringung und unzulängliche medizinische Betreuung. Untertreibend ist von möglichen Versorgungsschwierigkeiten die Rede, die vermieden werden müßten, und der gesamten Zeit nach der Kapitulation war ein Satz gewidmet: „Die Truppen, die sich ergaben, wurden entwaffnet, organisch intakt gehalten und in Konzentrierungsräume verlegt, wie das im ECLIPSE-Plan ins Auge gefaßt worden war." (Dokument 6).

Bis Mai 1945 waren dreizehn Lager errichtet worden und zwei weitere im Bau; alle lagen entlang des Rheinufers und waren als temporär gedacht (PWTE). Bei einem Aufnahmevermögen für annähernd eine Million Kriegsgefangene waren rund 800 000 tatsächlich dort untergebracht (Dokument 7). In diesen Lagern, von den Insassen rasch „Hungerlager" getauft, starben, das wurde den Gefangenen alsbald offenbar, mehr Männer, als erwartet werden mußte. Die anormal hohe Todesrate ist aus den täglichen und wöchentlichen Gefangenenberichten der amerikanischen Armee nicht zu ersehen, da Todesfälle weder pro Lager noch für den gesamten europäischen Kriegsschauplatz genau gemeldet wurden (Dokument 8 und 9). Die amerikanischen Militärbehörden haben nie bestätigt, daß die Rheinwiesenlager eine höhere Rate an Todesfällen zu verzeichnen hatten als andere Kriegsgefangenenlager.

Daß die Lager nur kurze Zeit unter amerikanischem Kommando standen – sie wurden im Juni und Juli von den Briten und den Franzosen übernommen – und daß die Armee die Berichterstattung über Gefangene stiefmütterlich behandelte, liefert eine partielle Erklärung für den Mangel an Quellenmaterial. Dieser Mangel stellt aber für die Geschichte der Rheinwiesenlager einen unersetzlichen Verlust dar. Ohne solches Material sind wir auf die Heimkehrer-Berichte, auf Aussagen der Bewohner benachbarter Ortschaften und Aufstellungen existierender Grabstätten angewiesen. Am wichtigsten davon sind sicherlich die Augenzeugenberichte von Männern, die in jenen Lagern gesessen haben[2], doch sind die Berichte problematisch, weil sie lange nach den Geschehnissen entstanden und außerdem, wie schon erwähnt, überwiegend von ehemaligen Offizieren stammen. Unter dem zeitlichen Abstand leiden auch die Erzählungen der damals in der Nähe lebenden Zivilisten. Wie das in Rechnung zu stellen ist, wenn man den Wert des Beweismaterials abwägt, ist ein schwieriges Problem. Dabei kann es nicht etwa darum gehen, eine harte und ungerechte Behandlung seitens der Amerikaner zu bestreiten, vielmehr geht es allein um die Frage, in welchem Ausmaß die unleugbar schlechte Behandlung zu Todesfällen geführt hat. Wieviele Todesfälle waren vermeidbar? Wie kann ein zutreffendes Bild vom Ge-

[2] Diese Berichte, deponiert im BA-MA als Teil der B-205-Sammlung, sind nach Lagernamen geordnet; es ist also möglich, individuelle Erlebnisberichte sofort bestimmten Einschließungen zuzuschreiben.

sundheitszustand der Männer bei ihrer Gefangennahme gewonnen werden? Gibt es genügend Material, das zusammengefügt werden kann und dann brauchbare Antworten auf die Frage nach der „vermißten Million" deutscher Soldaten erlaubt?

Zunächst einmal ist zu sagen, daß es tatsächlich gewisse dubiose Strafaktionen der Amerikaner gab. Vom unstillbaren Durst der amerikanischen Soldaten nach Uhren, Fotoapparaten und NS-Souvenirs abgesehen, haben manche Einheiten alles genommen und dann zerstört, was die deutschen Gefangenen bei sich hatten. Zuviele ehemalige Gefangene haben solche Erlebnisse berichtet, als daß sie als vereinzelte Vorfälle abgetan werden könnten. In etlichen Fällen büßten Gefangene auf diese Weise ihre Tornister, Decken, Mäntel und Zeltbahnen ein, ehe man sie in Lager unter freiem Himmel steckte. Die weggenommenen Sachen wurden häufig verbrannt[3]. Derartiges bewirkte nur eine sinn- und zwecklose Verschlimmerung des Elends der Gefangenen.

Die Frage der Post verschärfte die Lage der Kriegsgefangenen. Für zahllose Kriegsgefangene gehörte es offensichtlich zu den Äußerungen amerikanischer Rachsucht, daß sie keine Möglichkeit hatten, ihren Familien mitzuteilen, wo sie sich befanden, obwohl viele nur Stunden von ihrem Wohnort entfernt waren. Aller Postverkehr der deutschen Streitkräfte war bei Kriegsende eingestellt, die angesammelte Post beschlagnahmt worden. Einige Gefangene improvisierten eine „illegale Postverbindung", um ihren Angehörigen Nachricht über ihr Los geben zu können, indem sie „alle 3–4 Tage unter Lebensgefahr den Draht durchschnitten, hinter sich wieder zumachten, nach draußen krochen, Post austauschten, auch Lebensmittel beschafften und wieder ins Lager zurückkamen. Das war unzählige Male gelungen, trotz scharfer Bewachung, trotz allem"[4]. Das war jedoch nicht der einzige Weg. In etlichen Lagern gab es Arbeitskommandos, die fast täglich in die Außenwelt kamen und sogleich als Poststation dienten, was von ihren amerikanischen Bewachern in der Regel toleriert wurde. Auch die Bewohner benachbarter Ortschaften zeigten sich hilfreich und nahmen Notizen und Briefe in Empfang, die über den Stacheldraht geworfen wurden[5].

Solche Improvisationen stellten freilich keine Lösung des Postproblems dar, und viele Gefangene, deren Wohnort nicht weit von ihrem Lager entfernt war, litten Höllenqualen. Ein Veteran von Feldzügen in Italien und Rußland, der nur 50 Kilometer von Zuhause entfernt in einem Gefangenenlager saß, hat sich später daran erinnert, daß ihn das Heimweh zuvor nie so geplagt hatte wie in dem Lager in Deutschland. Die meisten Gefangenen hatten in der Tat keine Möglichkeit, ihren Lieben mitzuteilen, daß sie überlebt hatten, und zu erfahren, wie es daheim aussah. Selbst die von der Genfer Konvention vorgeschriebenen Gefangenenkarten kamen

[3] BA-MA, B 205/v. 968: Das Schicksal, S. 50.

[4] Boehme, Die deutschen Kriegsgefangenen in amerikanischer Hand. Europa, in: Geschichte der deutschen Kriegsgefangenen, Bd. X, 2, S. 165.

[5] Heinz Janssen, Erinnerungen an eine Schreckenszeit. Rheinberg 1933–1945–1948, Rheinberg 1983, S. 473.

mit großer Verspätung zu Hause an, oft erst nach der Heimkehr des Gefangenen. Die Mehrzahl der Insassen der Rheinwiesenlager hatte jedoch überhaupt keine Gelegenheit, nach Hause zu schreiben, da die Amerikaner dieses Privileg den DEF nicht zugestanden[6].

Die amerikanische Armee kann für das Postproblem nicht zur Gänze verantwortlich gemacht werden. Schon Monate vor dem deutschen Zusammenbruch kam es bei allen öffentlichen Dienstleistungseinrichtungen vielfach zu Unterbrechungen, und der Postverkehr erwies sich als besonders störanfällig. Da die Streitkräfte an vielen Fronten kämpfen mußten und eine beträchtliche Anzahl gefangengenommener deutscher Soldaten in Übersee festgehalten wurde, blieben die Familien daheim oft wochen- und sogar monatelang ohne Post. Mit dem Näherrücken der Niederlage verschlimmerte sich die Situation, und viele Familien hatten bereits geraume Zeit vor der Kapitulation vom 8. Mai 1945 jede Verbindung zu ihren Männern verloren. Angesichts der großen Zerstörungen, ob es sich nun um Lagerhallen, Straßen oder Bahnstrecken handelte, war eine ordnungsgemäße Zustellung einfach nicht mehr möglich. Die alliierten Luftangriffe sorgten auch insofern für erhebliche Störungen, als viele Zivilisten von einem Augenblick zum andern umziehen mußten und damit eine neue Adresse hatten. Da die Wiederherstellung des Postverkehrs nicht zu den unmittelbaren Prioritäten der Alliierten gehörte, blieben auch nach Kriegsende längere Verzögerungen nicht aus.

Das Internationale Komitee des Roten Kreuzes suchte die Situation für die Kriegsgefangenen zu lindern, indem es mit einigem Erfolg die Zustellung der aufgestauten Post organisierte; allerdings stellte sich der Erfolg erst im September 1945 ein[7]. Das bedeutete eine erhebliche Verlängerung der Ängste jener Verwandten, die bereits früher immerhin erfahren hatten, wo sich ihr Männer befanden, und für die Soldaten, die in der Zeit von März bis Mai in Gefangenschaft gerieten, brachte es vorerst die völlige Unterbrechung der Verbindung nach Hause. Für sie, für die sogenannten „Kapitulationsgefangenen", kamen Monate ohne ein Wort von daheim: „Bis Ende 1945, teilweise noch bis Januar 1946, bestand Postsperre. Das erscheint unverständlich, da sich die Gefangenen ja in Deutschland befanden. Sie empfanden es als unbegründete Härte, daß sie nicht mit ihren Angehörigen in Schriftverkehr treten durften"[8]. Selbst der Tod einwandfrei identifizierter Soldaten, ob in den Endstadien des Krieges erfolgt oder später in einem Kriegsgefangenenlager, ist während des größten Teils des Jahres 1945 den nächsten Verwandten nicht mitgeteilt worden (Dokument 28).

Die Versuche des Internationalen Roten Kreuzes, den Insassen der DEF-Lager auf irgendeine Weise Hilfe angedeihen zu lassen, waren aus mehreren Gründen ernstlich behindert. Die amerikanischen Militärbehörden neigten in der hektischen Schluß-

[6] Boehme, Die deutschen Kriegsgefangenen in amerikanischer Hand. Europa, in: Geschichte der deutschen Kriegsgefangenen, Bd. X, 2, S. 163f., Anm. 4; Disarmament and Disbandment, S. 44.
[7] Report of ICRC, Bd. II, S. 182f.
[8] BA-MA, B 205/v. 968: Das Schicksal, S. 54.

phase des Krieges, als sie mit Massen von Gefangenen irgendwie fertigzuwerden hatten, dazu, das IRK als lästigen Störenfried zu betrachten. Die Verhältnisse in den Lagern, die sich in Deutschland befanden, waren nicht so, daß man diese Lager gerne vorgezeigt hätte, und da es die DEF-Politik angeblich nicht erforderte, wurde dem IRK der Zutritt verwehrt, blieb auch die Bitte um Listen der Gefangenen unerfüllt. Bedenkt man, wie sorglos die Amerikaner mit der Registrierung der Gefangenen umgingen, ist die Wahrscheinlichkeit groß, daß sie gar keine genaueren Listen besaßen; auch wollten sie nicht, daß die Vertreter des Roten Kreuzes die Verhältnisse in den Lagern zu sehen bekamen[9]. Dies brachte die Gefangenen in eine hoffnungslose Lage, da es keine Berufungsinstanz gab und das Internationale Rote Kreuz die einzige übernationale Organisation mit der Möglichkeit zur Wahrung der Gefangeneninteressen war. Ein späterer deutscher Bericht kommentierte die Situation folgendermaßen: „Besonders in Deutschland sind in den Monaten vor und nach der Kapitulation, als Millionen von Gefangenen unter teilweise sehr schlechten Bedingungen in großen amerikanischen Lagern zusammengepfercht waren, Besuche von Delegierten des IKRK, wenn überhaupt, nur ganz selten vorgenommen worden. Es hat den Anschein, als ob solche Besuche damals nicht zugelassen oder zumindest sehr erschwert wurden. Dies mag damit zusammenhängen, daß die USA den Gefangenen, die auf Grund der bedingungslosen Übergabe der deutschen Streitkräfte in amerikanischen Gewahrsam gekommen waren, als SEP [DEF] den Schutz des Kg.-Abkommens nicht gewährten."[10]

Es ist nicht ausgeschlossen, daß in den höheren Rängen von Militär und Regierung der Vereinigten Staaten da und dort die Ansicht herrschte, die bedingungslose Kapitulation gebe den USA tatsächlich die rechtliche Möglichkeit, mit den Kriegsgefangenen nach Belieben zu verfahren. Doch ist es sehr unwahrscheinlich, daß die Frontsoldaten, die mit den gefangengenommenen Menschenmassen zu tun hatten, je einen Gedanken an das Problem verschwendeten. Ihre unmittelbare Sorge galt der Neutralisierung von Millionen feindlicher Soldaten, bis diese entlassen wurden oder bis sonstwie über sie verfügt werden konnte, und daß man die gefangenen Deutschen zu DEF erklärte, machte die Aufgabe leichter. Welches Los die deutschen Soldaten, die sich ergaben, dann tatsächlich traf, ist nicht verallgemeinernd zu sagen, da die Prüfung der zur Verfügung stehenden Dokumente ein sehr komplexes und widersprüchliches Bild ergibt.

So übel die Verhältnisse für die deutschen Gefangenen zu Zeiten auch waren, so konnten sie sich doch noch verschlechtern, wenn der Wachdienst von anderem als amerikanischem Personal übernommen wurde: „Besonders die polnischen Wachmannschaften, die von den Amerikanern eingestellt wurden, begingen derartige Ausschreitungen."[11] Natürlich gab es auch keine Garantie dafür, daß sich die Lage besserte, wenn die Amerikaner deutsche Gefangene mit bestimmten Lagerfunk-

[9] Smith, Heimkehr aus dem Zweiten Weltkrieg, S. 18ff.

[10] BA-MA, B 205/v. 968: Das Schicksal, S. 8.

[11] Ebenda, S. 51f.

tionen betrauten: „In vielen Lagern bestand das von der amerikanischen Leitung eingesetzte Stammpersonal aus üblen Elementen. Es behandelte seine Mitgefangenen schlecht und beteiligte sich sogar an Mißhandlungen und Ausplünderungen. Auch wird darüber geklagt, daß das deutsche Stammpersonal in einigen Lagern Lebensmittel, die für hungernde Kg. bestimmt waren, verschoben hat."[12]

Diese Klage kehrte in den Berichten der Kriegsgefangenen nur allzu oft wieder, und ihre aufgestaute Feindseligkeit konzentrierte sich häufig auf die deutsche Lagerverwaltung, die deutsche Lagerpolizei und die deutschen Köche: „Der ganze Haß der Entrechteten aber galt den vollgefressenen Köchen, der Lagerpolizei und der Lagerleitung, die ihre alten Kameraden zum Teil schlechter behandelten als die Sieger. Die Lagerpolizei (...) hielt die Ordnung im Lager, bei der Essensausgabe und beim Wasserholen, mit Schlagstöcken und KZ-Methoden aufrecht. Ihre kommissige Arroganz, ihre Unterwürfigkeit gegenüber den amerikanischen oder britischen Soldaten und ihre Beflissenheit, die Befehle mit aller Härte auszuführen, war einer der beschämendsten Schandflecke des Lagerlebens."[13]

Nicht eines dieser Details, die für den einzelnen Kriegsgefangenen von vitaler Wichtigkeit wurden, hatte irgendeine Bedeutung für Amerikaner, die vornehmlich daran interessiert waren, schnellstmöglich eine temporäre Unterbringung zu organisieren. Rasche Erreichbarkeit und Beziehbarkeit der „Lager" diktierten das Verfahren. In der Praxis ging das so vor sich, daß – wie es ein Gefangener geschildert hat – eine Kompanie, die sich ergeben hatte, durch einen Wink mit der Hand zu einem Stück Land dirigiert wurde, wo sie nun kampieren sollte. Gewöhnlich handelte es sich um offenes Feld, und die Gefangenen besaßen wenige Mittel, sich auf dem Feld einzurichten, keine Spaten, keine Zelte und keine Decken. So sah es im Frühjahr 1945 auch in den Rheinwiesenlagern aus[14]. Zusammen mit der Tatsache, daß die Wiesen entlang des Rheins neben Sand- und Lehmboden auch steinige und schottrige Böden hatten, hieß das, daß die Lagerplätze auch dann Versuchen, sie wohnlicher zu machen, hartnäckig widerstanden hätten, wenn Werkzeuge geliefert worden wären. Im übrigen füllten sich die Lager gleich nach ihrer Errichtung bis zur vorgesehenen Belegstärke und in einigen Fällen weit darüber hinaus, so im Falle der Lager Remagen und Sinzig um Zehntausende (Dokument 7).

Es steht außer Frage, daß von allen Lagern diese Rheinlager die höchste Sterblichkeit zu verzeichnen hatten. Sie gaben denn auch bis in unsere Tage Anlaß zu dem Verdacht, daß in ihnen weit mehr Männer gestorben sind, als von den Amerikanern und später von der Regierung der Bundesrepublik Deutschland je offiziell zugegeben wurde. Ein Gutteil des wichtigsten Beweismaterials ist von den Verwaltungen der

[12] Ebenda.

[13] Janssen, Erinnerungen, S. 423. Nach einem Bericht wurde ein Gefangener, der beim Diebstahl von Lebensmitteln erwischt worden war, in einen Strafblock gesteckt und gezwungen, die gestohlenen Lebensmittel mit einem dicken Zuckerüberzug zu essen, ohne für eine Weile Trinkwasser zu bekommen; ebenda, S. 456.

[14] Maschke, Zusammenfassung, in: Geschichte der deutschen Kriegsgefangenen, Bd. XV, S. 243; siehe auch Karte der Rheinwiesenlager.

Ortschaften und Städte zusammengetragen worden, neben denen man die Lager errichtet hatte. Normalerweise wurde es im Zuge der Entwicklung der Lokalgeschichte von örtlichen Archivaren und Historikern gesammelt. Partiell unterscheidet es sich nicht sehr von den WK-Heimkehrer-Berichten, denn auch hier steuerten frühere Gefangene Berichte über ihre Existenz im örtlichen Lager bei. Dazu kommen Erzählungen und Beobachtungen ortsansässiger Zivilisten, die ja häufig noch Augenzeugen der Ereignisse des Jahres 1945 gewesen waren. Das Ganze ging dann in eine größere Darstellung der Geschichte einer bestimmten Rheinregion ein. Für den Historiker, der nach der „vermißten Million" fahndet, ist die lokale Geschichtsschreibung außerordentlich hilfreich, da sie eine gewissenhafte Anstrengung darstellt, aus unterschiedlichen Beweisfragmenten ein schattenhaftes und düsteres Kapitel der lokalen Vergangenheit zusammenzufügen. Ihre Quellen sind nicht amtliche Akten mit offiziellen Berichten und Daten, sondern persönliche Erinnerungen, dazu Tagebücher und Aufzeichnungen aus einer Zeit der Trauer und der Verzweiflung[15].

Nach den Akten der Prisoner of War Division (POWD) der amerikanischen Armee gab es am 8. Mai 1945 dreizehn temporäre Gefangenenlager entlang des westlichen Rheinufers (Dokument 7 und Karte S. 8), doch nennt eine andere Quelle eine etwas höhere Zahl, obwohl sie zwei Lager, möglicherweise Urmitz und Winzenheim, ausläßt oder am falschen Ort plaziert[16]. Für jedes Lager haben wir für die Zahl der Gefangenen, die dort zwischen Anfang April und Mitte Juni bzw. Mitte Juli – als die Lager den britischen und den französischen Streitkräften übergeben wurden – verstorben sein können, drei Angaben: die amerikanische, die am niedrigsten liegt, eine deutsche, die später entstanden und um einiges höher ist und in der Regel auf einer sorgfältigen Auswertung lokaler Quellen, der Grabstätten und der Berichte ehemaliger Insassen beruht, sowie drittens eine Zählung der Todesfälle, die in geschichtlichen Darstellungen der Regionen auftaucht, in denen sich die Lager befunden haben; diese Darstellungen setzen die Zahl der Todesfälle weit höher an, da sie sich auf die Augenzeugenberichte ehemaliger Gefangener stützen, die behaupten, erheblich mehr Tote gesehen zu haben, als in irgendwelchen Quellen registriert worden sind. Im allgemeinen werden derartige Zahlen den Lesern mit dem Kommentar angeboten, daß es keine Möglichkeit gibt, ihre Genauigkeit zu verifizieren.

15 Janssen, Erinnerungen, stellt eine solche Quelle dar, doch gibt es zahlreiche ähnliche Berichte über die Rheinwiesenlager, z.B. Gertrude Maria Schuster, Die Kriegsgefangenenlager Galgenberg und Bretzenheim, Bad Kreuznach 1985; Hansheinrich Thomas/Hans Hofmeister, Das war Wickrathberg. Erinnerungen aus den Kriegsgefangenenlagern des Rheinlandes, Minden 1950; Hans Peter Kürten, Kriegsgefangen in Remagen, Remagen [2]1989; Jürgen Haffke/Bernhard Koll (Hrsg.), Sinzig und seine Stadtteile - gestern und heute, Sinzig 1983; Franz-Josef Hegen (Hrsg.), Andernach. Geschichte einer rheinischen Stadt, Andernach 1988; Franz Alois Como, Chronik des Dorfes Dietersheim, Dietersheim 1952. Daneben sind unzählige Zeitungsartikel erschienen, gewöhnlich zu Jahrestagen.

16 Boehme, Die deutschen Kriegsgefangenen in amerikanischer Hand. Europa, in: Geschichte der deutschen Kriegsgefangenen, Bd. X, 2, S. 15.

Eine Untersuchung mehrerer Lager mit hoher Sterberate genügt jedoch, um Klarheit darüber zu gewinnen, wie diese unterschiedlichen Zahlen zustande gekommen sind, und um der Antwort auf die Frage näher zu kommen, wie die Geschichte der Rheinwiesenlager in einen Zusammenhang mit dem Problem der „vermißten Million" deutscher Gefangener gebracht wurde. Gerade die Hartnäckigkeit, mit der sich der Glaube an einen solchen Zusammenhang so viele Jahre lang behauptet hat, beweist die Ignoranz, die gegenüber der Gesamtkonstellation herrscht. Es ist zum Beispiel von großer Bedeutung, daß in keiner Berechnung der Todesfälle in den Rheinwiesenlagern eine größere Anzahl nicht identifizierter Leichen auftaucht. Bei dem Lager mit der höchsten Sterberate, Bad Kreuznach-Bretzenheim, sind von annähernd 2000 Toten – nach deutscher Zählung – kaum hundert nicht identifiziert worden.

Remagen war eines der ersten und eines der größten Rheinwiesenlager, es wurde von den Amerikanern Ende März 1945 als PWTE A-2 eingerichtet (Dokument 7). Die sogenannte „Goldene Meile"[17] erstreckte sich über die Felder zwischen Remagen und Bad Niederbreisig. Wie bei allen Rheinlagern wurde der Platz auch hier wegen seiner Nähe zu einer Bahnlinie und seiner großen offenen Fläche ausgewählt. Der erste Schritt bestand darin, mit Stacheldraht einzelne Lager abzugrenzen, welche einige tausend Gefangene fassen konnten, die dann zur Erleichterung der Zählung in Zehnergruppen eingeteilt wurden. Am Ende gab es in dem Raum zwischen Remagen und Sinzig im Süden, auf einer 5 Kilometer langen und 2 Kilometer breiten Fläche, rund zwei Dutzend solcher Einzellager. Ursprünglich als separate Lager gedacht, beherbergten Remagen und Sinzig in Wahrheit eine einzige Menschenmasse, die am 8. Mai 1945 nach den Feststellungen der amerikanischen Armee 252 392 Mann zählte (Dokument 7). Deutsche Zahlen für diese beiden großen Lager reichen von 180 000 bis zu 400 000 Mann (185 000 in Remagen, 215 000 in Sinzig[18]). Eine Erklärung für die große Diskrepanz könnte in unterschiedlichen Zeitpunkten der Erhebungen liegen; schließlich ist es durchaus möglich, daß die Zahl der Gefangenen zwischen dem 8. Mai und Mitte Juli, als die Lager von den Franzosen übernommen wurden, noch zugenommen hat.

Für die Zeit von Anfang Mai bis Ende Juli zeigen die wöchentlichen Kriegsgefangenen-Berichte der amerikanischen Armee eine steigende Todesrate. Sie beginnt mit 2 310 Sterbefällen im Mai und erreicht Anfang August 5 912[19] (Dokument 8 und 9),

[17] Ein Begriff, der dem Ufergebiet zwischen Remagen und Sinzig von einem lokalen Poeten namens Ludwig Mathar gegeben worden war.

[18] Haffke/Koll, Sinzig, S. 187f. Boehme akzeptierte die amerikanische Zählung und nahm für Remagen und Sinzig eine Gesamtzahl von 253 000 Gefangenen an (Die deutschen Kriegsgefangenen in amerikanischer Hand. Europa, in: Geschichte der deutschen Kriegsgefangenen, Bd. X, 2, S. 199).

[19] Einzig und allein Bacque versteht die unter der amerikanischen Bezeichnung „Other Losses" genannten Zahlen als die wahren Zahlen der Todesfälle. Das ist eine völlig falsche Annahme, die auf unzulänglichen Nachforschungen beruht. Die „Other Losses" hatten bis Anfang 1946 weit über 2 Millionen erreicht; die Bedeutung dieses Terminus war wesentlich weiter.

was nach deutscher Kalkulation, die allein für die Rheinwiesenlager auf 32 000 Tote kommt, eine sehr niedrige Zahl darstellt[20]. Wieviele dieser Todesfälle auf die Lager Remagen und Sinzig entfallen, ist ungewiß. Die Unmöglichkeit einräumend, für Remagen eine exakte Zahl zu nennen, schrieb Hans Peter Kürten, ein Forscher, der die Lage sorgfältig untersucht hat: „Dokumentiert ist lediglich die Zahl von 1213 Gräbern auf dem nahegelegenen Ehrenfriedhof Bad Bodendorf, wo die Kriegsgefangenen aus diesem Lager bestattet wurden. Doch nach den Aussagen vieler ehemaliger Lagerinsassen soll es mehr Tote gegeben haben."[21]

Die Amerikaner hatten den Friedhof von Bad Bodendorf im April 1945 übernommen, um dort verstorbene Kriegsgefangene aus den Lagern Remagen und Sinzig zu beerdigen. Zwar kann nicht ausgeschlossen werden, daß einige Gefangene in den Lagern selbst begraben wurden, doch gibt es dafür keinen Beleg. Ein ehemaliger Kriegsgefangener erinnerte sich: „Im Lager Sinzig-Remagen war viel die Rede von massenweisen Kranken und Sterbenden (...) Ich selbst habe jedoch nie einen Toten gesehen. Nur einer, den ich kannte, kam ins Lazarett. Was aus ihm wurde, habe ich nicht erfahren können; unter den registrierten Toten in Bodendorf ist er nicht."[22]

Die Zivilbevölkerung, die in der Gegend Remagen-Sinzig und in der weiteren Umgebung lebte, tat alles, was unter den gegebenen Umständen möglich war, um den Gefangenen zu helfen. Örtliche Beamte erließen Hilfsappelle und schilderten die Nöte in den Lagern: „Es fehlt aber an vielem, da die Gefangenen im Freien untergebracht und damit schutzlos der Witterung preisgegeben sind. Vor allem fehlen Decken, Mäntel, Schuhzeug, Kochgeschirr, Feldflaschen, Teller, Löffel, Wassergefäße aller Art, auch saubere Fässer, Kessel, Luftschutzeimer, Klosettpapier, usw. Wir haben die Erlaubnis erhalten, zur Ausrüstung des Lagers beizutragen. Mitbürger helft! Helft sofort: Eile tut dringend not!"[23]

Im Herbst 1945 wurden die Lager Remagen-Sinzig aufgelassen und die verbliebenen Gefangenen in andere Lager verbracht. Da die Amerikaner und später die Franzosen die toten Kriegsgefangenen ohne große Rücksicht auf die Anlage des Friedhofs begraben hatten, betteten die Deutschen die sterblichen Überreste 1946 um und setzten ein kleines Holzkreuz auf jedes Grab. Auf jedem Kreuz, unter dem eine identifizierte Leiche liegt, steht der Name; es blieben 71 nicht identifizierte Tote. Im Jahr 1957 wurde dann ein neuer Ehrenfriedhof angelegt, in dem die Holzkreuze über den 1213 Grabstätten durch steinerne Mäler ersetzt sind[24]. Dabei ist zu beachten, daß während dieser Friedhofsarbeiten auch die sterblichen Überreste von zunächst anderswo begrabenen Kriegsgefangenen auf den Ehrenfriedhof

20 Boehme, Die deutschen Kriegsgefangenen in amerikanischer Hand. Europa, in: Geschichte der deutschen Kriegsgefangenen, Bd. X, 2, S. 195.

21 Brief an den Verfasser von Hans P. Kürten, Bürgermeister von Remagen vom 10. Oktober 1990.

22 Richard M. Müller, In amerikanischen Massenlagern, in: Kürten, Kriegsgefangen in Remagen, S. 21

23 Ebenda, S. 26f.

24 Haffke/Koll, Sinzig, S. 190.

kamen: „Ferner sind dort Tote aus den Gefangenenlagern Andernach-Plaidt und Koblenz, sowie den ehemaligen amerikanischen Kriegsgefangenenlagern Remagen und Linz/Rhein bestattet."[25] Am Ende zählten die Amerikaner in den Lagern Remagen-Sinzig 1022 Tote, wogegen die Franzosen bei der Übernahme 1084 ermittelten.[26]

Viel später berichteten ehemalige Insassen des Lagers, sie hätten gesehen, daß täglich mindestens 60 Leichen abtransportiert wurden, doch wird das weder durch die Anzahl der Gräber noch durch die Ergebnisse der diversen Vermißtensuchdienste bestätigt (siehe auch Kap. III und IV). Die Beobachtungen in den Berichten ehemaliger Gefangener sind mit einer gewissen Skepsis aufzunehmen, dürfen jedenfalls nicht ohne weiteres verallgemeinert werden: „Es ist (...) zu beachten, daß die Betroffenen, die Kriegsgefangenen, nur einen sehr begrenzten Beobachtungskreis besaßen; er beschränkte sich wesentlich auf ihr ‚Cage' oder ‚Compound', so daß der einzelne keine auf das Gesamtgeschehen bezogene Feststellung treffen konnte. Es gibt denn auch (...) fast keine brauchbaren Heimkehreraussagen über Todesziffern."[27]

Zu den Einrichtungen mit dem schlimmsten Ruf gehörte das amerikanische Lager in Bad Kreuznach. Mit einer Belegstärke von mehr als 56 000 Mann am 8. Mai hatte PWTE 3 die höchste Sterblichkeitsrate zu verzeichnen (Dokument 7 und Karte S. 8): „Mit seinem Namen wird gleichsam das Sterben unter den Kapitulationsgefangenen in Deutschland identifiziert, und in der Tat nennen die Amerikaner hierfür die höchste aller Todesziffern in ihren Aufzeichnungen."[28]

Der amerikanische Schriftsteller John Dos Passos, der damals als Journalist das besetzte Deutschland bereiste, hat erzählt, ein amerikanischer Offizier, der im Lager Bad Kreuznach Dienst tat, habe mit ihm über die Gefangenen gesprochen und dabei gesagt: „Ich sehe sie bereits halb verhungert in unseren Lagern und in einer Weise behandelt, wie man keinen Hund behandeln würde."[29] Ähnliche Berichte waren auch von anderen Orten zu hören, und ein weiterer Amerikaner, der ebenfalls als Chronist über die amerikanische Besetzung Deutschlands schrieb, äußerte sich höchst kritisch über die Behandlung, die den gefangengenommenen Deutschen in den Rheinlagern zuteil wurde, wobei er vor allem Bad Kreuznach erwähnte: „Die Ansicht ist weit verbreitet, daß der Kommandant des Lagers Bad Kreuznach eine große Anzahl absichtlich hat verhungern lassen."[30]

[25] Boehme, Die deutschen Kriegsgefangenen in amerikanischer Hand. Europa, in: Geschichte der deutschen Kriegsgefangenen, Bd. X, 2, S. 198f.

[26] Ebenda. Es wurde jedoch bemerkt, daß nach der Übernahme durch die Franzosen „die Verpflegung [sofort] wieder sehr viel schlechter [wurde], obwohl die Amerikaner bis Ende Juli 1945 viele Gefangene vom Lager Sinzig aus entlassen hatten und die Franzosen hier nur noch ein kleines Restlager an der Rheinallee zu verwalten hatten"; vgl. Haffke/Koll, Sinzig, S. 190.

[27] Boehme, Die deutschen Kriegsgefangenen in amerikanischer Hand. Europa, in: Geschichte der deutschen Kriegsgefangenen, Bd. X, 2, S. 196.

[28] Ebenda.

[29] John Dos Passos, Tour of Duty, Boston 1946, S. 251.

[30] Edward N. Peterson, The American Occupation of Germany. Retreat to Victory, Detroit 1977, S. 131, Anm. 2.

Akte bewußter Grausamkeit von Amerikanern gegen deutsche Kriegsgefangene sind in vielen Heimkehrer-Berichten überliefert; sie reichen von der ersatzlosen Wegnahme von Kleidungsstücken und Decken bis zur Verhinderung einer angemessenen medizinischen Betreuung durch deutsche Ärzte[31]. Wie die Gefangenen in Remagen-Sinzig, berichteten auch ehemalige Insassen von Bad Kreuznach, sie hätten gesehen, daß täglich Leichen weggeschafft wurden. Doch ist es auch in diesem Fall unmöglich, eine Gesamtzahl anzugeben.

Das Lager nahm im April die ersten Gefangenen auf, und bis zum 25. Juni registrierten die amerikanischen Behörden insgesamt 1098 Sterbefälle[32]. Da die Übernahme durch die Franzosen erst am 10. Juli stattfand, ist die Zahl sicherlich noch höher geworden, wenn auch einige Gefangene sich später daran erinnerten, daß die Zustände gegen Ende Juni etwas besser geworden seien. Untersuchungen der Stadtverwaltung von Bad Kreuznach stellten in einem Friedhof 1798 Gräber identifizierter und 106 Gräber nicht identifizierter Gefangener fest, in einem anderen 49 Gräber. Daraus ergeben sich 1953 Tote[33].

Eines der nördlichsten der Rheinwiesenlager war das Lager Rheinberg. Am 18. April 1945 mit rund 1000 Kriegsgefangenen als PWTE A1 eingerichtet, zählte es im Mai über 90 000 Insassen (Dokument 7). Ehe das Lager unter britische Verwaltung kam, war die Belegstärke auf etwa 140 000 Mann angeschwollen. Wie die anderen Rheinwiesenlager befand es sich auf freiem Feld, ohne Unterkünfte und jegliche Annehmlichkeiten. Westlich und südlich der Stadt Rheinberg in Form eines Dreiecks gelegen, umschloß seine äußere Begrenzung ungefähr 1000 Hektar. Seine innere Anlage entsprach dem üblichen Muster, d. h. es war in kleinere Einzellager mit jeweils einigen tausend Gefangenen eingeteilt. „Die schlimmste Zeit", so schrieb ein Heimkehrer, „waren die ersten 6 bis 8 Wochen, also vom 20. April bis Anfang Juni. Sie waren geprägt von der Schutzlosigkeit vor den Unbilden des Wetters, von Hunger, Krankheit und Tod."[34]

Die Beschwerden der Gefangenen galten in Rheinberg nicht allein ihren amerikanischen Bewachern. Wie in anderen Lagern, so war auch hier bald zu sehen, daß es dem deutschen Lagerpersonal besser erging als den übrigen Gefangenen. Das traf

[31] BA-MA, B 205/v. 968: Das Schicksal, S. 195f.

[32] Boehme, Die deutschen Kriegsgefangenen in amerikanischer Hand. Europa, in: Geschichte der deutschen Kriegsgefangenen, Bd. X, 2, S. 195f.

[33] Ebenda, S. 196f. Die Zahl von 1953 Todesfällen wurde von der Untersuchung der Stadt Bad Kreuznach als zu nieder eingeschätzt, die selber auf 3000 Todesfälle kam. Die höhere Zahl geht freilich vor allem auf die Aussage eines ehemaligen Kriegsgefangenen zurück, der in den schlimmsten Wochen mit den höchsten Todesraten gar nicht im Lager gewesen war. Ernster ist die vor kurzem von der Stadt Bad Kreuznach erhobene Kritik zu nehmen, daß die Berechnungen in den Arbeiten der Maschke-Gruppe, namentlich in Boehmes Band über die deutschen Kriegsgefangenen in amerikanischer Hand in Europa, deshalb zu nieder seien, weil sie die Toten des Lagers Winzenheim nicht zu den Toten von Bad Kreuznach-Bretzenheim hinzurechneten. Da Winzenheim rund 100 000 Gefangene zählte, würde das zumindest weitere 1000 Tote bedeuten.

[34] Janssen, Erinnerungen, S. 419.

namentlich auf diejenigen zu, die mit der Zubereitung und der Verteilung der Verpflegung zu tun hatten, die der Lagerpolizei angehörten oder als Dolmetscher tätig waren: „Alle, die eine solch einträgliche Funktion hatten, wurden vom grauen Heer der Hungernden glühend beneidet.“[35]

Bis Mitte Juni, als das Lager den Engländern übergeben wurde, registrierten die Amerikaner 438 Todesfälle. Diese Zahl wurde alsbald von der Stadtverwaltung Rheinberg angefochten, die, gestützt auf eine nach mehreren Quellen – darunter auch das Deutsche Rote Kreuz – aufgestellte Totenliste, zu dem Ergebnis kam, daß in dem Lager mindestens 610 Männer gestorben waren. Da die amerikanischen Aufzeichnungen kein Register aller Gefangenen enthalten, die sich in Rheinberg befunden haben, ist eine Klärung nicht möglich[36]. Eine spätere Untersuchung, die von der Stadtverwaltung Rheinberg veröffentlicht wurde, kam auf eine noch weit höhere Zahl. In ihr hieß es, daß in der Umgebung des Lagers Knochen gefunden worden seien; zudem seien Augenzeugenberichte von Angehörigen der „Beerdigungskommandos“ gesammelt worden, die zuweilen 30 bis 100 Leichen begraben halfen. Auf der Grundlage dieser zusätzlichen Informationen wurde nun geschätzt, daß in dem Lager 2000 bis 3000 Sterbefälle zu verzeichnen waren, mit der Einschränkung: „Wieviele es waren, weiß wohl niemand.“[37]

Die in den hier erwähnten Lagern herrschenden Verhältnisse glichen den Zuständen in den übrigen Rheinwiesenlagern; in manchen ging es gelegentlich noch schlimmer, in anderen zeitweilig nicht ganz so schlimm zu. Die Statistik der Sterbefälle zeigt immer die gleichen Diskrepanzen: Die amerikanischen Zahlen liegen stets unter den deutschen, oft um einige hundert. Übereinstimmung gibt es nur darüber, daß die Rheinwiesenlager eine weit höhere Sterberate hatten als alle anderen Kriegsgefangenenlager, die in Deutschland amerikanischer Kontrolle unterstanden[38], und daß diese üblen Vorgänge für die relativ kurze Zeitspanne von April bis Juni 1945 charakteristisch waren.

Die Beschäftigung mit der Geschichte der Rheinwiesenlager fördert einige Faktoren zutage, die hervorgehoben werden müssen. Zunächst ist zu sagen, daß die Aufzeichnungen über die massenhafte Ergebung deutscher Soldaten, die in der letzten Kriegsphase und kurz nach der Kapitulation von der amerikanischen Armee und ihrer Abteilung für Kriegsgefangenenfragen geführt wurden, höchst mangelhaft und in Teilen gänzlich unzuverlässig sind. Zweitens sind die deutschen Akten, so unvollständig sie auch sein mögen, mit den amerikanischen Akten nicht zu verein-

[35] Ebenda, S. 423.

[36] Boehme, Die deutschen Kriegsgefangenen in amerikanischer Hand. Europa, in: Geschichte der deutschen Kriegsgefangenen, Bd. X, 2, S. 200.

[37] Janssen, Erinnerungen, S. 437.

[38] Drei weitere Lager mit hoher Todesrate waren Heidesheim (65 000 Gefangene, 284 Tote nach amerikanischer, 397 nach deutscher Zählung), Wickrathberg (16 000 – 106 – 210) und Büderich (77 000 – 105 – 120). Lager, die nicht zu den Rheinlagern mit hoher Todesrate gezählt werden, waren die Lager Boehl, Ludwigshafen und außerdem zwei bei Heilbronn.

baren. Daraus hat sich eine Situation ergeben, in der die Gültigkeit der amerikanischen Totenlisten ernstlich bezweifelt werden und eine Verschwörungstheorie Nahrung finden kann.

Die wichtigste Tatsache, die genauere Forschung ans Tageslicht bringt, ist jedoch zweifellos nicht die Differenz zwischen amerikanischen und deutschen Statistiken, auch dann nicht, wenn erheblich höhere deutsche Zahlen vorgelegt werden, wie im Falle der 32 000 Toten in den Rheinwiesenlagern[39], da all dies in keinem Verhältnis zu einer „vermißten Million" steht. Als erste Erkenntnis ergibt sich vielmehr, daß die überwältigende Mehrheit der in den Rheinwiesenlagern gestorbenen Kriegsgefangenen schließlich identifiziert werden konnte; in den Friedhöfen, in denen die Toten aus den Lagern begraben wurden, gibt es nur einige hundert Gräber mit nicht identifizierten Leichen. Selbst wenn man in Rechnung stellt, daß es innerhalb der früheren Lagerbezirke noch unentdeckte Gräber geben mag, ist das ohne jeden Einfluß auf das Verhältnis von identifizierten zu nicht identifizierten Toten. Mithin gibt es um die Männer, die in den Rheinwiesenlagern zugrunde gingen, überhaupt kein Geheimnis.

Wenn eine Million deutscher Kriegsgefangener nicht am Rhein gestorben sind, ist es dann möglich, daß sie anderswo starben, während sie sich in amerikanischem Gewahrsam befanden? Es geschah jedenfalls nicht in den Vereinigten Staaten selbst, wohin annähernd 370 000 deutsche Soldaten als Gefangene gekommen waren. Nach amerikanischer Zählung starben in den Lagern auf amerikanischem Territorium 491 Mann: 72 davon gaben sich selbst den Tod, 7 wurden von anderen Gefangenen ermordet, und 70 kamen bei Arbeitsunfällen ums Leben[40]. Bei den weiteren muß man sich natürlich auf amerikanische Akten stützen, da es kein anderes Material gibt, das für Vergleiche herangezogen werden könnte. Doch bei der Prüfung amerikanischer Kriegsgefangenen- und DEF-Statistiken für das Jahr 1946 ist keine Kategorie zu entdecken, die Raum für das Verschwinden von einer Million Gefangenen böte[41]:

1946	Entlassen	Transferiert	Sonstige Abgänge	In Gewahrsam
Januar	2 807 775	2 037 182	2 037 698	1 170 787
April	3 024 771	2 257 241	2 071 896	536 677
Juli	3 247 514	2 393 342	2 085 204	216 657
November	3 371 061	2 427 030	2 096 220	83 914
Dezember	3 382 090	2 431 940	2 096 634	62 569

[39] Boehme, Die deutschen Kriegsgefangenen in amerikanischer Hand. Europa, in: Geschichte der deutschen Kriegsgefangenen, Bd. X, 2, S. 194f.

[40] Maschke, Zusammenfassung in: Geschichte der deutschen Kriegsgefangenen, Bd. XV, S. 225. Annähernd 175 000 der deutschen Kriegsgefangenen in den USA wurden nach dem 50-50-Abkommen als „britische Verantwortlichkeit" angesehen und nach England transportiert, um dort als Arbeitskräfte verwendet zu werden.

[41] Monthly Reports vom 20. Februar, S. 25, vom 20. Mai, S. 17, vom 20. August, S. 18, vom 1. bis 30. November, S. 23 und vom 1. bis 31. Dezember 1946, S. 26.

Die Statistiker der amerikanischen Armee gaben sich keine Mühe, ihre Fehler von einem Monatsbericht zum nächsten zu kaschieren. Sie legten einfach eine Notiz bei, in der sie erklärten, daß es auf Grund des Eingangs allzu vieler Doppelzählungen zu Irrtümern und Fehlern gekommen sei: „Durch die Berichtigung der Angaben über sonstige Abgänge sind die aufgelaufenen Fehler ausgeglichen worden."[42] (Dokument 11) Neben solchen „Berichtigungen" gab es die Neigung, in den Monatsberichten ein Maß an Kooperation zwischen den Allierten zu suggerieren, das keinen Bezug zur Realität hatte. Zum Beispiel besagte ein Bericht für August 1946, daß zwischen den vier Besatzungsmächten sowohl über die Entlassung von Kriegsgefangenen wie über die Gleichartigkeit der Entlassungspapiere für die vier Besatzungszonen volle Übereinstimmung erreicht worden sei[43], obwohl diese Probleme von einer Lösung noch weit entfernt waren und in bestimmten Fällen nie gelöst wurden, ehe der Kalte Krieg allen Bemühungen um die Vereinbarung eines allgemeinen Verfahrens in der Kriegsgefangenenfrage ein Ende machte.

In den späteren Monaten des Jahres 1946 wurde in den Gefangenenberichten der amerikanischen Armee die euphemistische Bezeichnung „Sonstige Abgänge" als Verkleisterung widersprüchlicher Meldungen nicht mehr verwendet; stattdessen benützte man nun, mit unveränderter Definition, den gleichermaßen vagen Terminus „Sonstwie entlassen". Für den Wechsel der Begriffe wurde keine Erklärung gegeben, doch wird man annehmen dürfen, daß diejenigen, die mit der Zusammenstellung der Statistiken befaßt waren, zu diesem späten Zeitpunkt zu der Ansicht gelangten, „entlassen" vermittle eine bestimmtere und weniger Konfusion stiftende Bedeutung als „Abgänge".

Im April 1947 hatten die Amerikaner nur noch knapp 18 000 Gefangene in ihrem Gewahrsam, nachdem sie nahezu 8 Millionen „abgefertigt" hatten, durch Entlassung, Transfer und „Sonstwie entlassen" (Dokument 16). Bald darauf schloß die amerikanische Armee praktisch alle Entlassungslager in ihrer Zone und begann an alle Kriegsgefangene, die ohne Entlassungspapiere aus der britischen, der französischen und der sowjetischen Zone kamen, sogenannte „Zertifikate" auszugeben[44].

Betrachtet man die amerikanische Haltung in der Behandlung der deutschen Kriegsgefangenen zusammenfassend, so ergibt sich, daß das üble Verhalten gegenüber den Insassen der Rheinwiesenlager offensichtlich nicht charakteristisch für das Gesamtprogramm war. Als erste der alliierten Nationen haben die Vereinigten Staaten ihre Gefangenen entlassen. Auch hielten die USA die Spitze bei der Auszahlung von Entlassungsgeld und bei der Verteilung angemessener Kleidung für die Rückkehr nach Hause. Und die „USA-Gepäck-Aktion" stellte immerhin einen Versuch dar, Eigentum von Gefangenen, das bei der Gefangennahme abgenommen worden war, wieder zurückzugeben[45]. Wenn alle alliierten Staaten, natürlich ein-

[42] Ebenda vom Januar 1946, S. 26.
[43] Ebenda vom 20. August 1946, S. 2.
[44] Ebenda vom 1. bis 31. Juli 1947, S. 41.
[45] Smith, Heimkehr aus dem Zweiten Weltkrieg, Kapitel VI.

schließlich der UdSSR, dem Beispiel der USA gefolgt wären und ebenfalls sämtliche deutschen Kriegsgefangenen im Laufe einer relativ kurzen Zeitspanne nach Kriegsende entlassen hätten, wäre das Schicksal der „vermißten Million" sehr viel früher aufzuklären gewesen. Selbst die pessimistischsten Beobachter hatten nie damit gerechnet, daß die Festhaltung von Gefangenen im Westen mehrere Jahre und im Osten oft noch länger dauern werde. Daß es solche Verzögerungen gab, ehe deutsche Familien herausfinden konnten, was ihren Männern widerfahren sein mochte, hat die wachsende Verwirrung um die als vermißt gemeldeten Soldaten naturgemäß noch verstärkt.

Alle derartigen Argumente liefern keine Entschuldigung für das, was deutsche Gefangene in den Rheinwiesenlagern erleiden mußten, und sie sollen auch keine Entschuldigung liefern. Das Leiden in jenen Lagern muß als ein schändliches Kapitel in der Geschichte der Kriegsgefangenen anerkannt werden, und zwar als eines, das von der Regierung der Vereinigten Staaten nie untersucht worden ist. Tatsächlich gibt es in den Akten der amerikanischen Armee überhaupt keine Hinweise auf Beispiele schlechter Behandlung deutscher Gefangener durch amerikanisches Militärpersonal, das die Rheinwiesenlager bewachte, und auch Hinweise auf den Mangel an Verantwortungsgefühl, den dort die zuständigen Offiziere an den Tag legten, sucht man vergeblich.

Aber wenn auch überzeugend darzutun ist, daß sich Amerikaner der schlechten und oft mit dem Tod endenden Behandlung der deutschen Gefangenen in den Rheinlagern schuldig gemacht haben, so ist doch ebenso klar, daß hier nicht die Antwort auf die Frage gefunden werden kann, was mit einer Million vermißter Männer geschehen ist. Diese Antwort konnte nur nach einer schwierigen und langwierigen Untersuchung gegeben werden, durchgeführt von den Deutschen selbst, die sich dabei, in ihrer Entschlossenheit, eine offene Wunde der Nation zu schließen, einer Vielzahl von Institutionen und Ämtern bedienten.

III. Die Suche beginnt

Der 8. Mai 1945 markierte für Deutschland das Ende des NS-Regimes und den Beginn des Lebens unter alliierter Okkupation. Es kann bezweifelt werden, ob der durchschnittliche Deutsche vollständig erfaßte, daß seine Nation und alles, was nationale Einheit bedeutete, nicht länger existierten. Tatsächlich war aber jeder plötzlich auf sich allein gestellt und mit den Problemen des schieren Überlebens konfrontiert. Gleichwohl konnten selbst die elendsten Lebensbedingungen die Angst um die Sicherheit jener Soldaten nicht auslöschen, die noch nicht zurückgekehrt waren. Für deutsche Familien, die wenigstens wußten, wo sich ihre Männer befanden, in einem Kriegsgefangenenlager oder in einem Lazarett, galt die wichtigste Frage natürlich dem Zeitpunkt ihrer Heimkehr. Die meisten Ehefrauen und Verwandten von Soldaten waren aber nicht in dieser glücklichen Lage. Für sie hatte der Krieg geendet, ohne daß ihnen genaueres über den letzten Aufenthaltsort ihrer Männer bekannt war. Und wenn nun die qualvolle Suche beginnen mußte, stand man vor der Frage, wo man eigentlich ansetzen konnte. Es gab zunächst keine regionale Verwaltung, keine Landesregierung, keine Zentralregierung, und auch die Alliierten waren keine unmittelbare Hilfe. Alle unabhängigen und privaten Hilfsorganisationen wie das Deutsche Rote Kreuz funktionierten nicht mehr. Eine längere Periode sollte folgen, in der sich Hoffnungen und Enttäuschungen abwechselten, bewirkt einerseits von Gerüchten und andererseits von einer generellen Gleichgültigkeit der Alliierten. Angesichts unterbrochener Postverbindungen, entwurzelter Bevölkerungsgruppen und der häufigen Verlegung der Kriegsgefangenen von Lager zu Lager, schienen die Hindernisse, die dem Aufspüren eines vermißten Ehemannes, Bruders oder Sohnes im Wege standen, manchmal unüberwindlich zu sein.

Wenn die Frau eines Angehörigen der Wehrmacht, die bei Kriegsende in Bremen lebte, nicht wußte, wo sich ihr Mann zu diesem Zeitpunkt befand, oder nicht erfahren hatte, daß er in den letzten Wochen oder Tagen der Kämpfe an eine andere Front verlegt worden war, seinen Aufenthaltsort herauszubekommen suchte, sah sie sich vor wahrhaft ungeheuerliche Probleme gestellt. Selbst wenn ihr bekannt war, auf welchem Kriegsschauplatz er gewesen war, so war damit noch nicht viel gewonnen, hatte sie es doch damit zu tun, daß es für die Kriegsgefangenenlager in der Sowjetunion 1400 Postnummern gab, für die in Großbritannien 550 und für die in Frankreich auch noch 120[1]. Solche Suchaufgaben überstiegen die Möglichkeiten eines Individuums und machten sogar jenen internationalen Hilfsorganisationen das Leben schwer, die sich um die Sicherung der Kooperation der Alliierten bemühten.

[1] BA, B 150/311: Bremen, Senat, 8. Februar 1947.

Selbst wenn die Alliierten willens gewesen wären, Auskunft darüber zu geben, wer noch am Leben war, wer vermißt wurde und wer sich nicht mehr unter den Lebenden befand, so hätten sie dafür 1945 weder über die Organisation noch über die erforderlichen Unterlagen verfügt. Da sich die Amerikaner kooperationsbereit zeigten, konnte jedoch wenigstens ein erster Schritt getan werden. Im April 1945 stießen amerikanische Streitkräfte in Teile Deutschlands vor, die dann zur sowjetischen Besatzungszone gehörten, und dort, in Meiningen und Saalfeld, fanden sie umfängliche Akten der Wehrmachtauskunftstelle für Kriegsverluste und Kriegsgefangene (WASt). Säuberlich in mehr als 6000 Kartons verpackt, boten sorgfältig geführte Indexkarten Auskünfte über den Status eines jedes deutschen Soldaten: ob aktiv, ob verwundet, ob vermißt, ob tot; im Falle der Toten war auch, wenn möglich, vermerkt, wo sie begraben waren. Zu ihrem Schutz hatte man die Akten 1943 aus Berlin ausgelagert.

Die WASt war die einzige Einrichtung gewesen, die dazu ermächtigt war, derartige Angaben sowohl bei den Fronteinheiten wie beim Internationalen Komitee des Roten Kreuzes in Genf einzuholen. Umgekehrt hatte die WASt, jedenfalls während des Krieges, Informationen über die zuständigen Behörden an die Angehörigen der Soldaten weitergeleitet, wenn es auch seit den letzten Monaten des Jahres 1944 zunehmend schwieriger geworden war, auf dem jeweils aktuellen Stand zu bleiben. Das Interesse der Vereinigten Staaten an den Akten konzentrierte sich zunächst auf die da und dort darin enthaltenen Hinweise auf in Europa vermißte oder gefallene amerikanische Soldaten; nur gelegentlich wurde das Material weiterhin dazu benutzt, deutsche Familien über den Tod von Angehörigen zu unterrichten. Doch dauerte dieser Zustand nicht lange. Die Amerikaner schafften Akten und Personal nach Fürstenhagen bei Kassel, wo sie temporäre Unterkünfte einrichteten und dann die Arbeit mit dem WASt-Material während des ganzen Sommers 1945 fortsetzten.

Ursprünglich war beabsichtigt, das Material, als Teil der beschlagnahmten deutschen Akten, komplett in die Vereinigten Staaten zu schaffen, und zwar für „eine gründliche Ausnutzung. (...) Das ‚Ministerial Collecting Center' in Fürstenhagen wird die OKW/WASt-Akten weiterhin als eine Zentralregistratur für Gefallene und Kriegsgefangene ordnen und verwalten. Bis zum 1. Februar 1946 sollten diese Akten so vervollständigt sein, daß jede erforderliche Disposition getroffen werden kann. Die Kommission für Kriegsverbrechen, Angehörige, Verbindungseinrichtungen, das ‚Office of Strategic Services' und das Internationale Rote Kreuz gehören zu denen, die befugt sind, Informationen von jener Zentralregistratur zu bekommen."[2] Aus diesem Bericht der amerikanischen Armee geht klar hervor, daß die Amerikaner mit einem raschen Ablauf des ganzen Suchvorgangs rechneten. „Ausnutzung" bedeutete, daß die Akten sowohl dem amerikanischen wie dem britischen Kriegsministerium zugänglich sein und nach dem Abschluß der Arbeiten dieser beiden Ämter vernichtet werden sollten. Glücklicherweise stellten aber hunderttausende deutscher Familien, die immer noch auf Nachricht über einen vermißten Soldaten hofften,

[2] Monthly Report vom 20. Oktober 1945, S. 4.

einen Faktor dar, der nicht ignoriert werden konnte, und so ist die Weisung zur Vernichtung der Akten später aufgehoben worden.

Nachdem das Militärdirektorat des Kontrollrats zugestimmt hatte, begannen die amerikanischen Behörden Deutsche zu informieren, wenn nahe Angehörige während des Dienstes in der Wehrmacht den Tod gefunden hatten. Unter amerikanischer Leitung und mit deutschem Personal wurde aus der WASt nun die „Deutsche Dienststelle für die Benachrichtigung der nächsten Angehörigen von Gefallenen der ehemaligen Deutschen Wehrmacht", und das gräßliche Unternehmen, in den Aktenmassen nach der Verifizierung von Gefallenenmeldungen zu suchen, nahm seinen Fortgang. Zu dieser Zeit noch immer der optimistischen Meinung, daß die Arbeiten von relativ kurzer Dauer sein würden, berichtete General Lucius Clay, der stellvertretende amerikanische Militärgouverneur, im Dezember 1945, daß in den Akten noch rund eine Million Todesfälle verzeichnet seien, die eine Benachrichtigung der nächsten Angehörigen erforderten, „und daß die Arbeit in schätzungsweise sechs Monaten abgeschlossen sein wird"[3].

Anfang Februar 1946 wurde die gewaltige Aktenmasse abermals transferiert, diesmal in den amerikanischen Sektor Berlins, und fast sofort begann die Versendung der ersten Todesmitteilungen. Bei fast täglicher Steigerung waren Ende März nahezu 198 000 solcher Mitteilungen verschickt worden[4]. In gleichem Tempo den ganzen April hindurch fortgesetzt, verlangsamte sich die Arbeit im Laufe des Mai, als komplette Angaben in den Akten spärlicher wurden, und am 1. Juni hörte die amerikanische Kontrolle der Dienststelle auf, nachdem 484 053 Mitteilungen versandt worden waren. In Übereinstimmung mit dem „Coordinating Committee" des Alliierten Kontrollrats wurde das gesamte Material der ehemaligen WASt einer französischen Behörde übergeben. Diese Dienststelle blieb jedoch die einzige Einrichtung in Deutschland, die von den Besatzungsmächten autorisiert war, Mitteilungen über im Kriege gefallene Soldaten herauszugeben[5].

Die französische Dienststelle – Pour le Group François du Conseil de Contrôle, Service de Liquidation WASt – beschäftigte das gleiche deutsche Personal und widmete sich weiterhin der noch immer nicht abgeschlossenen Aufgabe, die WASt-Akten nach verifizierten Angaben über Todesfälle zu durchforschen; nach Schätzungen gab es noch immer Hunderttausende von Fällen, die der Klärung bedurften. Da die zentrale Kartei mehr als 20 Millionen Namen enthielt, wurde angenommen, daß die Verifizierung von annähernd 4 Millionen Todesfällen erfolgt und daß bis zur Beendigung der Arbeit noch etwa eine weitere Million zu verifizieren war[6]. Tatsächlich aber mehrte sich die Arbeitslast wieder, als das Internationale Rote Kreuz alle

[3] Ebenda vom 20. Dezember 1945, S. 23. Die englische Bezeichnung für die damalige WASt lautete: The German Agency for Notification of War Deaths in Former German Armed Forces to Next of Kin.

[4] Ebenda vom 20. April 1946, S. 22f.

[5] Ebenda, S. 19. Die britischen Militärbehörden verschickten im Fall von Gefangenen Todesmeldungen durch den zentralen Postsuchdienst in Hamburg-Altona, die französischen durch den „Service Central des Prisonniers de Guerre" in Paris.

[6] BA, B 150/338: Klein an Länderrat am 1. September 1947.

Akten seiner deutschen Sektion, mit einer Unzahl von Angaben zu Gefallenen und Vermißten, zur Verfügung stellte: „In den meisten Fällen bestand der einzige Hinweis, der gefunden worden war, in der Regimentsnummer auf der Erkennungsmarke und allein WASt war in der Lage, die Identität des Toten festzustellen, und zwar dank der in ihrer Obhut befindlichen Kartei der deutschen Armee. (...) Das äußerst wichtige Problem, wie alle Angaben über gefallene Angehörige der deutschen Streitkräfte, die im Besitz der deutschen Sektion waren, in systematischer Weise nach Deutschland transferiert werden sollten, war damit zufriedenstellend gelöst.“[7] Mit der alliierten Entscheidung, die WASt-Akten zu behalten und weiterhin für Verifizierungszwecke zu nutzen, war also ein wichtiger Anfang gemacht worden. Es wird schon für dieses frühe Stadium der Nachforschung und Spurensuche deutlich, daß es sich bei denen, die dann Deutschlands „vermißte Million“ werden sollten, um Personen handelte, die in den Quellen, welche im Westen allmählich verfügbar wurden, nicht aufgespürt werden konnten. Für eine gewisse Zeit war hier Verwirrung unvermeidlich, da ja die WASt-Akten Mitte 1946 noch immer die Namen von einer Million Gefallenen enthielten, deren Angehörige nicht benachrichtigt worden waren.

Was nun die Todesfälle angeht, die im Osten aufgetreten waren, so hatte sich seit der Niederlage von Stalingrad mehr und mehr die Praxis eingebürgert, sich auf die Aussagen heimgekehrter Kameraden zu stützen, die oft nur magerste Details zu berichten vermochten: „Die Aussagen dieser Heimkehrer sind tatsächlich als ausreichend angesehen worden, um Todeserklärungen herbeizuführen.“[8] Erst etliche Jahre nach Kriegsende sollte hier eine nennenswerte Änderung eintreten.

Eine Organisation, die bei der Suche nach den Vermißten und Gefallenen Antworten anbieten konnte, war der Volksbund deutsche Kriegsgräberfürsorge (VdK), der 1919 als private Einrichtung ins Leben gerufen worden war und sich um die außerhalb Deutschlands gelegenen Gräber deutscher Soldaten kümmern sollte, die im Ersten Weltkrieg den Tod gefunden hatten. Wie es auch mit anderen Organisationen in den Jahren der NS-Herrschaft geschah, so war der VdK in die NS-Bürokratie integriert worden, obwohl er seine Aufgabe bis dahin frei von Partei- oder Konfessionsbindungen erfüllt hatte. Nach Deutschlands Zusammenbruch im Jahre 1945 setzte der VdK in den westlichen Besatzungszonen seine Arbeit unter der Aufsicht der Militärregierungen fort. Zwar bestand sein erklärter Auftrag in der Pflege der Gräber gefallener Soldaten, doch hatte der VdK umfängliche Gräberverzeichnisse zusammengetragen, die schon von der WASt benutzt worden waren und nun, in der Nachkriegszeit, auch die Arbeit anderer Suchorganisationen erleichtern konnten. Dem VdK war es gelungen, Gräber aufzuspüren, die nicht leicht zu finden gewesen waren, etwa wenn man gefallene Soldaten ohne Markierung neben Straßen,

[7] Report of ICRC, Bd. II, S. 188f. Unter französischer Aufsicht bearbeiteten rund 400 Angestellte den täglichen Eingang an Nachfragen nach vermißten Familienangehörigen, die in der Wehrmacht gedient hatten; die Nachfragen stiegen unentwegt an.

[8] BA, B 150/415: Vertreter der Innenministerien der amerikanischen Zone am 14. November 1947.

tief in Wäldern und mitten in weiten Feldern gegraben hatte. Waren Markierungen vorhanden, so hatten doch oft Zeit und Wetter die Namen unkenntlich gemacht, und es war keine leichte Aufgabe, die Identität des Begrabenen zu ermitteln. Ohne eine zentrale Clearing-Stelle, die über bessere Ressourcen verfügt hätte als WASt und Internationales Rotes Kreuz, ging die Arbeit nur zäh vonstatten. Doch gab es Lob für die Unterstützung, die man von den Amerikanern erhielt, wie ein VdK-Bericht aus jener kritischen Periode zeigt: „Durch die Vermittlung und das Entgegenkommen des Kriegsgräberdienstes der amerikanischen Armee sind uns die Belegungslisten aller der Friedhöfe zur Verfügung gestellt worden, auf denen deutsche Gefallene von amerikanischen Truppen nach der Invasion beigesetzt worden sind."[9]

So hilfreich die Akten der WASt und des VdK auch waren, so genügte dies jedoch noch nicht, um alle Fragen nach dem Schicksal der gefallenen und vermißten Wehrmachtsangehörigen beantworten zu können. Aber hier war ein Anfang, der Beginn zur Schaffung einer Grundlage, die dann wenigstens die Suche nach einigen der Antworten ermöglichte. Der nächste Schritt mußte darin bestehen, ein Netz von Suchdiensten zu knüpfen, die in der Lage waren, eine größere Vielfalt von Informationsquellen auszuschöpfen; dazu gehörte natürlich das Internationale Komitee des Roten Kreuzes. Das IKRK verfügte seit 1939 über eine eigene deutsche Sektion. Es hatte auch, was die Methoden der Suche nach Personen anging, einen reichen Erfahrungsschatz angesammelt. Als Vertreter einer humanitären Organisation, die von deutschen Zivilisten mit Bitten um Auskunft über das Geschick nächster Angehöriger bombardiert wurde, wollten die IKRK-Funktionäre die raschestmögliche Wiedererrichtung eines handlungsfähigen Deutschen Roten Kreuzes. Das war nicht ganz leicht, da die Alliierten das DRK als eine kompromittierte Institution betrachteten, die mit dem NS-Regime kollaboriert habe. Aber solche Widerstände konnten am Ende überwunden werden, und bald erhielt das Rote Kreuz in Deutschland die Erlaubnis, wieder tätig zu werden. Eine der ersten Aktionen war die Verteilung von Suchanträgen an Deutsche, die einen vermißten Kriegsgefangenen aufspüren wollten (Dokument 17). Mehr als eine Million dieser Antragskarten war bis Anfang 1946 im Genfer Büro eingelaufen.

Viele Anträge kamen auch von Kriegsgefangenen, die noch immer in Lagern saßen und jeden Kontakt zu ihren Frauen und Familien verloren hatten. Bedauerlicherweise stand der Suchdienst den DEF-Gefangenen nicht zur Verfügung, da die Militärbehörden dem Roten Kreuz ihre Namen nicht mitteilten. Manchmal gelangte eine Liste mit DEF-Namen nach Genf, die von einem deutschen Lagerkommandanten stammte, doch waren derartige Informationen naturgemäß lückenhaft und eben nicht amtlich[10].

Im Oktober 1945 eröffnete der Hamburger Suchdienst, gestützt auf die greifbaren regionalen Akten des Roten Kreuzes, seine Tätigkeit, und nach den Vereinbarungen

[9] Ebenda, 416: Knellessen-Bericht an den Ausschuß für Kriegsgefangenenfragen vom 13. April 1948, S. 1f.

[10] Report of ICRC, Bd. II, S. 175-185.

der sogenannten Frankfurter Konvention vom 1. Januar 1946 vereinte das Rote Kreuz seine Kräfte mit dem Hilfswerk der Evangelischen Kirchen und mit dem Caritas-Verband, um eine Suchdienst-Arbeitsgemeinschaft ins Leben zu rufen, die ihre zentralen Büros in Hamburg und München hatte (Dokument 17). Wenn sich dieser Suchdienst auch um alle Arten von vermißten Personen kümmerte, so standen die Fälle der als vermißt gemeldeten Soldaten doch an erster Stelle[11].

Da die Suche nach den vermißten Wehrmachtsangehörigen von äußerster Dringlichkeit war, wurde in den Büro des Suchdienstes in zwei Schichten gearbeitet, von 6.30 Uhr morgens bis 8.30 Uhr abends. Die beiden zentralen Büros in Hamburg und München teilten sich die Arbeit nach den Postbezirken der zwei Besatzungszonen, der britischen und der amerikanischen. Der Posteingang belief sich auf mehr als 100 000 Anfragen pro Monat, jede Anfrage mußte anhand der Verzeichnisse geprüft und doppelt geprüft werden. Damit war etwa die Hälfte der rund 600 Angestellten beschäftigt, während die übrigen Briefe beantworteten und sonstige Bürotätigkeiten, etwa die Anlage von Akten, erledigten. Ein Spezialverzeichnis wurde angelegt, die sogenannte „Grüne Kartei", die bis 1946 die Namen von 2,4 Millionen vermißter Soldaten enthielt[12].

Das Deutsche Rote Kreuz hatte weder in der sowjetischen noch in der französischen Besatzungszone ein Büro, doch gab es im badischen Rastatt einen „Vermißten- und Flüchtlingssuchdienst" und einen „Suchdienst für vermißte Deutsche" im sowjetischen Sektor von Berlin; beide nutzten die WASt-Akten. Je deutlicher zu sehen war, daß die Sowjets keine Angaben zu den im Osten gefallenen und vermißten deutschen Soldaten zur Verfügung stellen und auch keine Informationen über noch in sowjetischen Lagern sitzende Deutsche liefern würden, um so mehr mußte sich das Personal der deutschen Suchdienste auf die Heimkehrer-Berichte stützen. In einem YMCA-Rundbrief hieß es: „Die Suche nach ehemaligen Wehrmachtsangehörigen - besonders Vermißter aus dem Osten - wird vermehrt durch die Auswertung der Heimkehrernachrichten und ihre Befragung betrieben. Als Sammelstelle der ‚Heimkehrernachrichten' ist von der Suchdienst-Arbeitsgemeinschaft der Hilfsdienst für Vermißte, Stuttgart S, Charlottenplatz 17, bestimmt. Hier fließen sämtliche Heimkehrernachrichten aus den Westzonen (...) zusammen."[13]

Als 1946 die Weihnachtszeit näher kam, vereinigten viele Organisationen, staatliche wie private, ihre Stimmen zu einem mächtigen Chor, der die diversen Militärregierungen bestürmte, der deutschen Bevölkerung die Ungewißheit über das Schick-

[11] Parlamentsarchiv des Deutschen Bundestags (BT-PA), BZ1/100: Suchdienstzonenzentrale Hamburg, 4. Mai 1948.

[12] Ebenda.

[13] „Was nun? Hinweise für den Heimkehrer", YMCA World Services, 2. Aufl. 15. Mai 1948, S. 5f. YMCA unterhielt in mehreren deutschen Städten Hilfsbüros für Kriegsgefangene. Auch der Länderrat gab ein Informationsblatt für heimkehrende Soldaten heraus, genannt „Informationsdienst", das trotz der Papierknappheit monatlich erscheinen konnte und wertvolle Hinweise über Wohnungen, Arbeitsplätze usw. enthielt.

sal noch so vieler ihrer Männer durch deren Entlassung zu nehmen[14]. Nun ist es gewiß schwierig, die Wirkung solcher Appelle auf die alliierten Militärbehörden abzuschätzen, doch blieben die Aktionen jedenfalls nicht ohne Echo in der öffentlichen Meinung der westlichen Länder. Und selbst die Militärbehörden vermochten es nicht zu ignorieren, als Kardinal Frings, der Erzbischof von Köln, das Berliner Hauptquartier des Alliierten Kontrollrats aufsuchte, um eine von zehn Millionen Frauen unterschriebene Petition für die Freilassung der Gefangenen zu überreichen[15].

Mit längerer Dauer der deutschen Suchaktivitäten trat immer klarer zutage, daß zuviele Ämter und Organisationen ohne rechte Koordination ihrer Ergebnisse in einer Zentralstelle arbeiteten; die Folge war nicht selten Doppelarbeit und Konfusion. Viele der beteiligten Institutionen besaßen durchaus das erforderliche Aussehen als Suchdienste, was aber fehlte, das war eine höhere Autorität, die für die notwendige Einheitlichkeit und Linie sorgen konnte. Ein weiteres Problem stellten die zahlreichen privaten Suchdienste dar, die einer verzweifelten Ehefrau oder Mutter gegen Geld einen Hoffnungsstrahl offerierten. Schließlich ergriff die Regierung von Württemberg-Baden die Initiative und verabschiedete – mit amerikanischer Zustimmung – ein Gesetz, das die Suche nach vermißten Personen, ob Zivilisten oder Militärs, staatlicher Kontrolle unterwarf. Das Gesetz machte außerdem mit all den privaten Agenturen Schluß; offizieller Status kam danach nur noch dem Deutschen Roten Kreuz zu, dem Caritas-Verband, den Evangelischen Kirchen und dem UNRRA-Dokumenten- und Suchdienst-Büro[16].

Am Beispiel Württemberg-Badens orientiert, folgte bald eine Proklamation der amerikanischen Militärregierung, in der die anderen Länder der US-Zone angewiesen wurden, Gesetze zu erlassen, die bestimmen sollten, daß 1. die Suche nach den im Kriege vermißten Deutschen in die Verantwortung des Staates falle, daß 2. die Arbeit von der Arbeitsgemeinschaft des Roten Kreuzes zu leisten sei, die für diesen Zweck Suchdienst-Zentralen in Hamburg und München unterhalte, daß 3. alle privaten Suchdienste verboten seien, wenn nicht für einen speziellen Zweck eine Sondergenehmigung vom Roten Kreuz erteilt werde, daß 4. der Suchdienst seine allgemeinen Direktiven von einem Konsortium aus Repräsentanten der Länder und des Roten Kreuzes erhalte, und daß 5. dieses Konsortium die Höhe der erforderlichen Finanzmittel festsetze[17].

Zu jener Zeit, Ende 1946 und Anfang 1947, trugen die deutschen Stellen genügend statistische Angaben über gefallene und vermißte Wehrmachtsangehörige zusammen,

[14] Ein solcher Appell wurde durch die Militärregierung in Bayern an den Alliierten Kontrollrat geleitet und trug die Unterschrift von 15 bayerischen Organisationen, darunter Frauengruppen, Jugendklubs und Gewerkschaften; vgl. Bitter-Papiere, Bayerisches Rotes Kreuz an die Militärregierung Bayern am 28. November 1946.

[15] The New York Times vom 10. Dezember 1946, S. 3.

[16] BA, B 150/311: Württemberg-Baden, Innenministerium, Nr. VII 1257, 23. Dezember 1946. Viele der privaten Suchbüros waren im Grunde Übersetzungsbüros. Andere bestanden aus Freiwilligen, so „Die Freie deutsche Liga", „Der Bund der Freunde der Sowjetunion" usw.

[17] Ebenda, 324: U.S. Proclamation vom 1. März 1947.

um Vergleiche mit den Informationen anstellen zu können, die sie von den Alliierten auf offiziellen Wegen erhielten. Dabei entstanden ernste Zweifel. Alliierte Zahlen (meist amerikanischer Herkunft) schienen zu Zeiten höchst ungenau zu sein, vor allem hinsichtlich der Vermißten. Die deutschen Sucher schätzten, daß etwa ein Viertel der als vermißt Gemeldeten noch irgendwo in Gefangenenlagern saßen; viele davon, sofern sie sich in der Sowjetunion befanden, waren nicht einmal in der Lage, nach Hause zu schreiben. Dies bedeutete, daß zehntausende, ja möglicherweise hunderttausende von Familien ihre Männer als vermißt meldeten, weil sie seit ein oder zwei Jahren ohne jede Nachricht von ihnen waren. Ein weiteres Problem, das die alliierten Statistiken nicht berücksichtigten, war die Zahl jener Männer, mit denen sich, da sie keine Familie hatten, niemand in Verbindung zu setzen suchte und die deshalb gar nicht als vermißt gemeldet wurden[18]. Noch hatte keines der deutschen Länder eine Frist festgelegt, nach der Vermißte für tot erklärt werden konnten, doch gerieten die Beamten zunehmend unter den Druck von Ehefrauen, die von ihren Männern seit Jahren kein Wort gehört hatten.

Aber trotz der Versuche, die das Land Württemberg-Baden und die amerikanische Militärregierung unternahmen, um mit der Schaffung eines Konsortiums für eine gewisse Steuerung zu sorgen, herrschte weiterhin Verwirrung vor. Zum Teil lag das an der Langsamkeit, die von der Bürokratie bei der Errichtung eines zentralen Lenkungsgremiums an den Tag gelegt wurde, zum Teil auch an der Unfähigkeit, anhand der immer noch sehr unvollständigen Informationen hinsichtlich der Gefallenen und Vermißten ein gesamtnationales Bild zu zeichnen. Logischerweise mußte die Grundlage für Fortschritte durch die gemeinschaftliche Arbeit der Länder Hessen, Württemberg-Baden, Bayern und Bremen gelegt werden; von Bedeutung war dabei vor allem der Länderrat, eine Institution, die aus den Ministerpräsidenten der Länder und einem Sekretariat bestand[19]. An sich waren die Zuständigkeiten des Länderrats, der einmal im Monat in Stuttgart zusammentrat, darauf beschränkt, zwischen den Ländern der US-Zone Zwistigkeiten auf politischem und ökonomischem Felde auszuräumen, soweit das Besatzungsrecht dies zuließ. Obwohl sich die Militärregierung um die Frage der Kriegsgefangenen nicht kümmerte, entschloß sich der Länderrat, die Probleme der Kriegsgefangenen als zu seinem Aufgabenbereich gehörig anzusehen, auch wenn die amerikanischen Behörden dem nicht sofort zustimmten.

Die zentrale Frage war die Entlassung von Kriegsgefangenen. Da aber jede der alliierten Mächte in dieser Frage eine andere Politik verfolgte, sollte sie sich als eines der schwierigsten Probleme erweisen, denen sich der Länderrat konfrontiert sah. Unter dem Einfluß der öffentlichen Meinung in den Vereinigten Staaten, in der die Forderung nach schneller Entlassung der deutschen Kriegsgefangenen zunehmend Verbreitung fand, begann die amerikanische Regierung als erste auf Entlassungen zu

[18] BT-PA, BZ1/102: Zonenbeirat-Memorandum vom 28. November 1947.

[19] Der Länderrat war im Oktober 1945 in der amerikanischen Zone ins Leben gerufen worden; in ihm waren drei deutsche Länder vertreten, bis im Januar 1947 auch Bremen hinzukam. Die Befugnisse des Länderrats waren begrenzt, doch stellte er immerhin die oberste zivile Autorität dar. Zu seiner Geschichte vgl. Lia Härtel, Der Länderrat des amerikanischen Besatzungsgebietes, Köln 1951.

drängen, doch fand sie bei den anderen Gewahrsamsmächten wenig Gegenliebe. Bald erkannte der Länderrat, daß er sich auf seine eigenen Hilfsmittel verlassen mußte, wenn er die Frage weiterverfolgen und sich im wachsenden Labyrinth der Besatzungspolitik nicht verirren wollte. Jedoch war der Länderrat auf amerikanische Unterstützung angewiesen, sollten die anderen Besatzungsmächte in Bewegung gebracht werden, da allein die Vereinigten Staaten Petitionen entgegennahmen. Der Länderrat verfolgte zunächst die Absicht, ein eigenes Amt zu schaffen, das sich allein und direkt mit den Kriegsgefangenenfragen beschäftigen sollte[20] (Dokument 14).

Der Gedanke war nicht neu. Ein Berliner Anwalt namens Alfred Hendler, der während des Krieges einigen alliierten Kriegsgefangenen geholfen hatte und Beziehungen zu hohen amerikanischen Offizieren besaß, hatte der amerikanischen Militärregierung schon früher eine solche Einrichtung vorgeschlagen, doch war damals nichts geschehen. Hendlers Anregung wurde dem Direktorium des Länderrats von einem seiner Mitglieder auf der Novembersitzung des Jahres 1946 übermittelt, und dort hieß es übereinstimmend, daß ein eigenes Amt für die Kriegsgefangenenfragen unabdingbar sei. Zuerst mußte natürlich amerikanische Unterstützung gesichert werden, doch herrschte in dieser Hinsicht Optimismus, und die Diskussion wandte sich rasch dem Vorschlag zu, ein „Büro des Länderrats für Kriegsgefangene" zu schaffen, und zwar mit Dienststellen in Stuttgart und Berlin, wo, so hoffte man, Hendler seinen Einfluß bei den Amerikanern zur Geltung bringen konnte. Vertreter der Kirchen, der Gewerkschaften und der politischen Parteien sollten gebeten werden, beim Knüpfen des Netzes zu helfen, das erforderlich war, wenn im Zuge der Entfaltung der Tätigkeit des Amts die Kriegsteilnehmer erreicht werden mußten[21].

Die Vereinigten Staaten hatten bereits ein Datum festgelegt, an dem alle noch in ihrem Gewahrsam gehaltenen deutschen Kriegsgefangenen freigelassen werden sollten, und bis zu diesem Termin waren es nur noch wenige Monate. Wenn man also dem Länderrat gestattete, ein eigenes Amt für Kriegsgefangenenfragen ins Leben zu rufen, zu dessen wichtigsten Aufgaben es naturgemäß gehörte, die Entlassung aller deutschen Kriegsgefangenen zu erreichen, so mußte dies dazu führen, daß die deutsche Pression die anderen Gewahrsamsmächte und nicht die Vereinigten Staaten traf. General Clay und seine Umgebung erfaßten sofort die politische Bedeutung einer solchen Erlaubnis, mit der sich die USA an die Seite des Länderrats stellen und ihre Verbündeten unter Druck setzen würden, ebenfalls ein Datum für die Entlassung ihrer deutschen Gefangenen zu nennen. In klarem Bewußtsein des Wandels der Beziehungen zu den Deutschen, machte sich Clay Sorgen, ihm könne nicht nur eine

20 BA-MA, B 205/1020: Beitrag zum Bericht „Deutsche Kriegsgefangenengeschichte", o.D.

21 BA, B 150/416: Fünfzehnte Tagung des Direktoriums des Länderrats, 14. November 1946. In den Kriegsjahren hatte Hendler überwiegend im Auswärtigen Amt gearbeitet, wo zu seinem Zuständigkeitsbereich auch die Sorge um die ausländischen Kriegsgefangenen gehörte. In etlichen Fällen war es ihm gelungen, bereits beschlossene Strafmaßnahmen gegen Kriegsgefangene abzuwenden. Das war in Washington nicht unbemerkt geblieben, und so nahm später Robert Murphy, der politische Berater General Eisenhowers, Verbindung zu Hendler auf.

Überschreitung seiner Kompetenzen im Hinblick auf Großbritannien und Frankreich, sondern außerdem vorgeworfen werden, die ohnehin steigenden amerikanisch-sowjetischen Spannungen weiter zu verschärfen.

Die Entwicklung des Kalten Krieges ist für das Verständnis der deutschen Kriegsgefangenenfrage ein äußerst wichtiger Faktor. Das Aufbrechen der Differenzen zwischen den USA und der Sowjetunion schuf für den Länderrat Gelegenheiten zur Förderung seiner eigenen Interessen. Die deutschen Politiker wußten sehr gut, daß Westdeutschland in Washingtons Vorstellungen vom Wiederaufbau und von der künftigen Verteidigung Europas allmählich einen bedeutenden Platz einzunehmen begann. Die Behandlung von Ansuchen des Länderrats mußte mithin diesen Wechsel der Allianzen widerspiegeln. Im Jahre 1947 war der Kalte Krieg häßlichste Realität geworden, aber für die noch immer um ihre Existenz kämpfenden Westdeutschen bot er die so dringend benötigte Möglichkeit, bei den Amerikanern den Hebel anzusetzen. Daher sah der Länderrat, als Clay zögerte, ein Amt für Kriegsgefangenenfragen zu genehmigen, keineswegs einen Grund zur Entmutigung, wußte man doch, daß man Zeit und Umstände auf der eigenen Seite hatte[22].

Noch ehe Clay eine Antwort gab, kam es zu einem höchst interessanten und wichtigen Vorgang, der dem Länderrat neue Erkenntnisse für seine Suche nach vermißten Kriegsgefangenen lieferte. Der Bremer Senat beschloß, für die ganze Stadt eine Registrierung aller ehemaligen Kriegsgefangenen vorzunehmen und ihnen einen Fragebogen zu präsentieren, auf dem sie Angaben über gefallene, vermißte und noch in Lagern befindliche Kameraden machen sollten. Der Registrierung, die dann vom 2. bis zum 11. Januar 1947 ablief, ging eine breit angelegte Kampagne in Presse, Rundfunk und mit Plakaten voraus (Dokument 18). Das Statistische Amt der Stadt Bremen stellte die eingehenden Informationen zusammen, wobei es mit den – laut Fragebögen – noch in Lagern festgehaltenen Männern begann. Obwohl unter widrigen Umständen, zeitweise ohne Heizung und Strom, arbeitend, konnte das Amt die Ergebnisse am 28. Januar vorlegen[23].

Die Registrierung erfaßte 26 568 ehemalige Kriegsgefangene, die 1945 und 1946 entlassen worden waren und nun in Bremen wohnten. Aus der anfänglichen Zählung ging hervor, daß sich 8 513 Männer noch in Gefangenenlagern befanden und 7 448 als vermißt gemeldet wurden (Dokument 18). Eine leichte Änderung der Zahlen ergab sich, weil einige Registrierungsbögen verspätet einliefen: Von 35 Männern, die in der ersten Zählung zu den Vermißten gerechnet worden waren, zeigte sich, daß sie noch lebten und in sowjetischen Lagern saßen[24].

[22] Bitter-Papiere, Die Entwicklung der Kriegsgefangenenfragen seit dem Zusammenbruch, 15. Februar 1947.

[23] BA, B 150/322: Statistisches Amt Bremen an Länderrat am 17. Februar 1947.

[24] Ebenda, 323, Heft 1: Zum Stand der Kriegsgefangenen in Bremen-Stadt, 19. Februar 1949. Später, im April, folgte Bremerhaven dem Bremer Beispiel und führte ebenfalls eine Registrierungsaktion durch. Die Stadt meldete, daß der größte Teil der noch festgehaltenen Kriegsgefangenen in sowjetischen Lagern sitze und daß die noch Vermißten (39,9 Prozent) im Osten verschollen seien; vgl. ebenda, 322: Registrierung der Kriegsgefangenen und Vermißten, Bremerhaven, 10. April 1947.

Die Bremer Registrierung stellt für die Suche nach Deutschlands „vermißter Million" ein sehr wichtiges Stück Beweismaterial dar, und zwar aus mehreren Gründen, unter denen ihre Relevanz für die spätere Kontroverse um die Toten der Rheinwiesenlager nicht der geringste ist. Zunächst muß festgehalten werden, daß das Bremer Projekt vom Plan bis zur Durchführung ein rein deutsches Unternehmen war. Das Personal bestand ausschließlich aus Angestellten der Stadt Bremen, die ohne britische oder amerikanische Unterstützung arbeiteten und auch nicht britischer oder amerikanischer Beaufsichtigung unterworfen waren. Statistisches Material britischer oder amerikanischer Herkunft spielte keine Rolle, die Resultate der Erhebung ergaben sich allein aus den Antworten, die entlassene deutsche Soldaten in den vorgelegten Fragebögen gegeben hatten. Anders als die Informationen, die Jahre später Professor Maschke und sein Team den Heimkehrer-Berichten entnahmen, war das Bremer Material absolut zeitgenössisch. Unter keinen Umständen können die Bremer Registrierung und ihre Ergebnisse als Material angesehen werden, das von zuvor freigegebenen britischen und amerikanischen Angaben irgendwie beeinflußt worden wäre. Schließlich deutete das Beweismaterial bereits zu diesem frühen Zeitpunkt ganz klar auf jene beiden Gruppen der ehemaligen Wehrmachtangehörigen hin, die bald in den Mittelpunkt der Suchanstrengungen rücken sollten, nämlich auf die während des Krieges Vermißten und die in Gefangenenlagern Verschwundenen.

Nachdem die Amerikaner das Datum für die Entlassung ihrer deutschen Kriegsgefangenen festgesetzt hatten und es Hinweise darauf gab, daß Briten und Franzosen im folgenden Jahr das gleiche tun würden, konzentrierte sich die deutsche Suche auf die noch immer nicht beantwortete Frage: Wo ist der Rest unserer Männer? Die Bedeutung der Bremer Registrierung liegt hier nun darin, daß sie, wie mangelhaft die Prozedur auch gewesen sein mochte, bestimmte Schlüsse zwingend nahelegte. Sie zeigte nämlich, daß von den 7 448 als „vermißt" Erfaßten die überwältigende Mehrheit, 82,6 Prozent, das letzte Lebenszeichen von der Ostfront gegeben hatte. Selbst für jene fehlenden Männer, die nicht speziell als in der Sowjetunion vermißt gemeldet waren, konnte als bekannter letzter Einsatzraum die Ostfront nachgewiesen werden (Dokument 18).

Die Ergebnisse der Bremer Registrierung und die sich aus ihnen ergebenden Folgerungen sind von den Militärbehörden der Vereinigten Staaten und der anderen Besatzungsmächte völlig ignoriert worden, nicht jedoch vom Länderrat, der die Möglichkeit eines ähnlichen Vorgangs in weit größerem Maßstab ins Auge faßte. Am Vorabend der Moskauer Außenministerkonferenz, auf deren Tagesordnung auch die Kriegsgefangenenfrage gesetzt worden war, kam es dem Länderrat mehr denn je darauf an, bei der Schaffung eines eigenen Amts für das Problem weiterzukommen. Bei den Bemühungen, ihre Anliegen bei den Vertretern der amerikanischen Militärregierung durchzusetzen, lernten es die deutschen Politiker immer besser, in jene leeren Räume vorzustoßen, die durch amerikanisches Desinteresse entstanden. Das galt auch für die Kriegsgefangenenfragen, die wiederum für die deutsche Bevölkerung von höchster Dringlichkeit waren, was ihre eben erst in ihre Ämter gelangten politischen Repräsentanten – viele selber Heimkehrer aus Krieg und Gefangenschaft

– sehr wohl verstanden. Der Länderrat, in Sorge vor allzu langer Verzögerung, warnte: „Die Angehörigen der Kriegsgefangenen, wie die Kriegsgefangenen selbst, befinden sich in starker Unruhe über das Schicksal der Kriegsgefangenen. Wird von staatlichen Stellen nicht eingegriffen, so wird man diesen nicht mit Unrecht mangelnde Aktivität in einer der wichtigsten Fragen der Gegenwart vorwerfen. Eine solche Unruhe stellt selbstverständlich politischen Zündstoff dar.“[25]

Während General Clay den Vorschlag des Länderrats erwog, ein deutsches Amt für das Kriegsgefangenenproblem zu schaffen, begann das Stuttgarter Gremium bereits Pläne zu diskutieren und zu prüfen, innerhalb jeder existierenden Landesarbeitsgemeinschaft (LAG) Zweigstellen einzurichten. Solche Stellen würden die Koordinierung der Politik und der Direktiven des zentralen Amts auf lokaler Ebene ermöglichen. Man kam überein, die regionalen Kriegsgefangenenämter in jeder LAG sofort nach der Genehmigung des vor einigen Monaten unterbreiteten ursprünglichen Vorschlags durch Clay zu eröffnen. Für den Fall, daß General Clay seine Zustimmung nicht erteilen sollte, wurde beschlossen, die regionalen Ämter trotzdem ins Leben zu rufen, da sie ja auch dann in der Lage sein mußten, Stuttgarter Weisungen auszuführen[26].

Als die Wochen ins Land gingen, ohne daß Clay die Absicht erkennen ließ, bald zu antworten, ergriff Hans Ehard, der bayerische Ministerpräsident, im März 1947 die Initiative und erinnerte den amerikanischen Militärgouverneur an den Vorschlag des Länderrats. Er habe die Sache keineswegs vergessen, erwiderte Clay, sei aber noch zu keiner Entscheidung gekommen. Er könne derzeit, so sagte er Ehard, das Problem der Entlassung der Kriegsgefangenen nicht bei den anderen Besatzungsmächten ansprechen, und er halte es auch nicht für klug, dem Länderrat just in dem Augenblick ein Kriegsgefangenenamt zu bewilligen, in dem die Moskauer Außenministerkonferenz mit ihren Beratungen begonnen habe, da dies womöglich als ein Propagandamanöver der Vereinigten Staaten gedeutet werde und dann vermutlich weit mehr Schaden anrichte als Nutzen stifte.[27]

Die Enttäuschung des Länderrats brauchte jedoch nicht lange anzuhalten; alle Aufmerksamkeit konzentrierte sich auf Moskau und die von dort kommenden Signale, daß die Verschlechterung des Ost-West-Verhältnisses zum Scheitern der Konferenz führen werde. Über die großen Probleme, so über eine Zentralregierung für ganz Deutschland oder über einen Plan zur Besserung der verzweifelten wirtschaftlichen Situation, kam denn auch keine Verständigung zustande. Bei Beginn der Konferenz hatten die Vertreter der beteiligten Mächte Zahlen über die von ihren Ländern noch in Gewahrsam gehaltenen deutschen Kriegsgefangenen genannt: Der britische Repräsentant sprach von 435 295, der amerikanische von 30 976, der französische von 631 483 und der sowjetische von 890 532. Die sowjetische Zahl schockierte die Deutschen am meisten, da sie geschätzt hatten, daß sich noch 2,5 bis

[25] Ebenda, 416: Fünfzehnte Tagung des Direktoriums des Länderrats am 14. November 1946.
[26] Bitter-Papiere, Die Entwicklung der Kriegsgefangenen seit dem Zusammenbruch, 15. Februar 1947.
[27] BA, B 150/307: Gespräch Ehard-Clay vom 13. März 1947.

3 Millionen deutsche Gefangene in der UdSSR befinden mußten (Dokument 19). Diese gewaltige Diskrepanz provozierte bei deutschen Politikern die erste offiziell geäußerte Skepsis über das mögliche Schicksal von mehr als einer Million vermißter deutscher Soldaten, die, wenn man die Moskauer Zahl einmal als richtig unterstellte, ohne nähere Angaben einfach von der Bildfläche verschwunden waren: „Die von sowjetischer Seite amtlich bekanntgegebene Zahl erscheint im Verhältnis zu den Angaben der anderen Länder und zu den Truppenmassen, die im Osten standen, so niedrig, daß das Schicksal und der Verbleib von mindestens einer Million Soldaten ungeklärt ist."[28]

In den Moskauer Besprechungen hatten die Vereinigten Staaten energisch darauf gedrängt, für alle noch festgehaltenen deutschen Kriegsgefangenen ein Entlassungsdatum festzusetzen. Wenn auch Großbritannien und Frankreich weiterhin deutsche Gefangene als Arbeitskräfte behalten und sich noch keineswegs auf einen definitiven Repatriierungstermin festlegen wollten, erwies sich amerikanische Überredungskunst doch als wirksam; sogar die Sowjets erklärten sich mit dem Entlassungsdatum 31. Dezember 1948 einverstanden. Die Repatriierungsraten sollten vom Alliierten Kontrollrat in Berlin vereinbart werden. In Moskau eines der wenigen positiven Ergebnisse, erwies sich dann freilich diese Zusage später als leeres Versprechen. Den Denkwandel der Truman-Administration und den eskalierenden Propagandakrieg zwischen Amerikanern und Russen widerspiegelnd, begann jedenfalls General Clay jetzt gegenüber dem Länderrat eine konziliantere Haltung an den Tag zu legen.

In einer selten vertraulichen Zusammenkunft mit den Ministerpräsidenten der Länder gab ihnen der amerikanische General einen persönlichen Bericht über die zu diesem Zeitpunkt noch andauernde Moskauer Konferenz. Er sei hinsichtlich ihres Ausgangs pessimistisch, so sagte er, und in Abkehr von seiner bisherigen Haltung erteilte er nun seine Zustimmung zur Schaffung eines Amts für Kriegsgefangenenfragen. Über das gestiegene Wohlwollen der amerikanischen Seite offensichtlich erfreut, nutzten die Ministerpräsidenten die Gelegenheit sofort aus, um General Clay mitzuteilen, welch ernste Besorgnis in Deutschland die niedrige Kriegsgefangenenzahl ausgelöst hatte, die in Moskau von den Sowjets genannt worden war. Nach ihrer Schätzung, so erklärten sie, müßten sich in der Sowjetunion noch mindestens zwischen 1,2 und 1,5 Millionen deutsche Gefangene befinden. Clay zeigte Sympathie, aber keine Bereitschaft, die Rolle eines Anwalts für den Länderrat und dessen Ansichten zu übernehmen[29]. Unterdessen gliederten Bayern und Bremen ihren Regierungen spezielle Ämter für Kriegsgefangenenfragen an.

Als Clay seine Genehmigung für ein zonales Kriegsgefangenenamt gab, hatte er die Absicht, die neue Behörde in genau diesen Grenzen zu halten und jedes Ausgreifen über die amerikanische Zone hinaus zu verhindern. Der General machte sehr klar, daß er den Zweck des Amtes in der Unterstützung entlassener deutscher Soldaten

[28] Ebenda, 323: Die Kriegsgefangenen, 14. Januar 1948. Es wurde geschätzt, daß sich noch rund 300 000 deutsche Kriegsgefangene auf dem Balkan befanden, 10 000 in Holland und 54 000 in Belgien.

[29] Ebenda, 344a: 20. März 1947.

sah, die in die amerikanische Zone zurückkehrten, und nicht etwa darin, die Kriegsgefangenenfragen auf die Tagesordnung von OMGUS zu lancieren[30]. Die Mitglieder des Länderrats verstanden Clays Zustimmung gleichwohl ganz anders, zumal sie entschlossen waren, jede Möglichkeit auszuschöpfen, die Antworten versprach, die von der Bevölkerung gefordert wurden (Dokument 14); sie hatten die lange erhoffte Chance gefunden und gedachten sie auch zu nutzen.

Der Länderrat war seit seinen bescheidenen Anfängen Ende 1945 weit gekommen. Als Clay der Errichtung eines Kriegsgefangenenamtes zustimmte, waren bereits mehr als ein Dutzend wichtiger Ausschüsse aktiv. Das neue Amt, der Ausschuß für Kriegsgefangenenfragen, kam zu Abteilung VII, die für das Gesundheitswesen, für Soziales und für Wohnungs- und Flüchtlingsprobleme zuständig war. Eine Angehörige des Auswärtigen Dienstes, Margarethe Wanda Johanna Bitter, wurde zur Vorsitzenden des Ausschusses ernannt - und eine glücklichere Wahl hätte nicht getroffen werden können. Erste Frau an der Spitze eines Ausschusses des Länderrats, war sie bald eine Schlüsselfigur für praktisch sämtliche Aspekte der Kriegsgefangenenfragen. Unter Frau Dr. Bitters Leitung zeigte sich der Ausschuß bereit, jene Führungsrolle zu übernehmen, die so dringend notwendig war, wenn auf die Fragen, von denen die deutsche Bevölkerung im Zusammenhang mit dem Kriegsgefangenenproblem geplagt wurde, Antworten gefunden werden sollten.

Margarethe Bitter, umfassend gebildet, mit dem Horizont, den längere Auslandsaufenthalte vermitteln, und dazu Kennerin des Völkerrechts, war auf die schwierigen Aufgaben, die vor ihr lagen, außerordentlich gut vorbereitet. Sie hatte ihre Laufbahn im Auswärtigen Dienst 1931 begonnen und war bei Kriegsende „Wissenschaftliche Hilfsarbeiterin". 1946 arbeitete sie als Regierungsrätin in der Bayerischen Staatskanzlei und bald darauf in Stuttgart als bayerische Vertreterin in etlichen Ausschüssen des Länderrats, ebenso im Suchdienst. Als sie den Vorsitz im Ausschuß übernahm, waren ihr die Kriegsgefangenenprobleme bereits durchaus vertraut. Auch begriff sie die wahre Bedeutung ihres neugeschaffenen Ausschusses, wie sie in einem viele Jahre später geschriebenen Brief über ihre damaligen Erfahrungen bewies: „Wir bekamen in der amerikan. Zone ab März 1947 den Ausschuß f. Kgf.fragen beim Länderrat in Stuttgart und damit ein politisches Sprachrohr."[31]

In enger Anlehnung an den ursprünglichen Vorschlag vom Dezember 1946 (Dokument 14) umriß der Länderrat die Aufgaben des von Frau Bitter geleiteten Ausschusses. Danach standen bei den Verantwortlichkeiten an vorderster Stelle die Zusammenführung aller erreichbaren Informationen über Kriegsgefangene zwischen den interessierten Ämtern und Organisationen, die Aufrechterhaltung enger Beziehungen zum Internationalen Komitee des Roten Kreuzes und zum Regional

[30] Ebenda, 342: Bach, 25. März 1947.

[31] Brief an den Verfasser vom 4. Mai 1982. Frau Dr. Bitter hatte im Laufe ihres langen Auslandsdienstes erhebliche juristische Erfahrungen sammeln können und sprach fließend Französisch und Englisch. Zwischen 1953 und ihrer Pensionierung im Jahre 1965 bekleidete sie mehrere diplomatische Posten in den Vereinigten Staaten und den Niederlanden.

Government Coordinating Office (RGCO) der Militärregierung, die Unterstützung der Familien, die nach gefangenen oder vermißten Männern suchten und die Sammlung von Angaben über Kriegsgefangene und vermißte Soldaten, von Angaben mithin, die dann von den diversen staatlichen Einrichtungen und von der Presse verwendet werden konnten[32].

Sollte der Ausschuß Erfolg haben, wenn er sich auf eigentlich gesperrtes Terrain vorwagte und sich zum Beispiel als Anwalt jener Gefangenen zu betätigen suchte, die noch immer von den Verbündeten der Vereinigten Staaten festgehalten wurden, dann brauchte er den Zugang zu General Clay und zur OMGUS-Bürokratie. Es traf sich nun gut für Frau Bitter und ihre Kollegen, daß an der Spitze der wichtigsten Verbindungsstelle, nämlich des RGCO, James K. Pollock stand, ein Universitätsprofessor aus Michigan, dessen Spezialgebiet deutsches Staatsrecht war[33]. Pollock hatte bereits zu den Schöpfern des Länderrats gehört, und sein Amt fungierte jetzt als wichtigste Verbindungsstelle zwischen dieser deutschen Institution und der amerikanischen Militärregierung. Zwar hatte Clay das RGCO ermächtigt, die Tätigkeit des Länderrats zu beaufsichtigen, doch sah Pollock seine Aufgabe weniger in der allzu häufigen Erteilung von Direktiven, sondern mehr in der Herstellung produktiver Beziehungen zwischen Amerikanern und Deutschen.

Länderrat und RGCO waren in Stuttgart im selben Gebäude untergebracht, in der Villa Reitzenstein, was die Kooperation bei der Bewältigung gemeinsamer Probleme erheblich erleichterte. Vertreter der Dienststelle Pollocks nahmen an den Sitzungen der Ausschüsse des Länderrats teil, berichteten über die Diskussionen, die dort stattfanden, und offerierten ihre Stellungnahmen. In Frau Bitters Ausschuß wurde ein Repräsentant von RGCO namens Heinz Guradze entsandt, der sich davon beeindruckt zeigte, daß dem Ausschuß eine Frau vorsaß, die „ihn effizient und reibungslos leitet und darauf achtet, daß bei der Behandlung der Tagesordnung gebührend Fortschritte erzielt werden", der jedoch das Fehlen eines OMGUS-Vertreters beklagte, weil „zu den Fragen, die von Mitgliedern des Ausschusses gestellt wurden, eine angemessene Unterrichtung durch einen OMGUS-Repräsentanten von Wert gewesen wäre"[34].

Guradze schilderte seine Eindrücke von der ersten Sitzung des Ausschusses, die am 17. April 1947 stattfand, und widmete dabei einen längeren Absatz der Diskussion über eine sofort notwendige umfassende Registrierung der Kriegsgefangenen (Dokument 15). Von den in Bremen erzielten Ergebnissen ermutigt und geleitet von der Erkenntnis, daß eine zonale Registrierung von vitaler Bedeutung für die eigene Arbeit sein mußte, beschloß der Ausschuß für Kriegsgefangenenfragen, sich bei der Beschaffung von Informationen auf die heimgekehrten Soldaten zu konzentrieren, obschon zwei

[32] BA, B 150/416: LAG-Sitzung vom 16. April 1947.

[33] Mit der Arbeitsweise und der Geschichte der deutschen Regierung vertraut, hatte Pollock über das Thema auch einige Bücher geschrieben, darunter das damalige Standardwerk über das NS-Regime: The Government of Greater Germany, New York 1938.

[34] BA, Nachlaß Pollock 83: Guradze-Bericht vom 18. Juni 1947, S. 3.

Länder, Württemberg-Baden und Hessen, die Nachsuche auch auf vermißte deutsche Zivilisten ausdehnen wollten.

Das Hauptaugenmerk galt folgenden Fragen: Wieviele Soldaten befanden sich noch in Lagern, wieviele waren vermißt oder tot, wie alt waren sie, welchen Beruf hatten sie, wo war ihr Zuhause, wie war ihr Familienstand? Es ging um die Sammlung von Angaben, die noch vor Ende 1947 ein möglichst genaues Bild vom Stand der Kriegsgefangenenfrage ergeben sollten. Ludwig Preller, Abteilungsleiter im Länderrat und Mitglied des Direktoriums, umriß die Schritte, die zu tun waren (Dokument 20). Auf staatlicher Ebene wollte man die Leitung der Arbeit den Innenministerien überantworten, die sich der Gemeindeverwaltungen und der Polizeidienststellen bedienen sollten, außerdem einer großen Anzahl Freiwilliger, vor allem Studenten; bis Ende Juni hoffte man die Arbeit abgeschlossen zu haben.

Von großer Bedeutung für den Erfolg der Registrierungsaktion war eine vorangehende Publizität, die dafür sorgen sollte, daß sich die zu Registrierenden in größtmöglicher Anzahl meldeten; die Publizität hatte umfassend und überzeugend zu sein, und im Mai und Juni wurde jedes verfügbare Mittel genutzt, um die Aktion bekannt zu machen (Dokument 21). Die anfängliche Sorge des Länderrats, die Anstrengungen könnten unzulänglich sein und auf eine müde, indifferente Öffentlichkeit treffen, erwies sich als unbegründet. Inzwischen machten die Ministerpräsidenten weiterhin darauf aufmerksam, daß sich mindestens zwei Millionen Deutsche noch in der Sowjetunion befinden mußten (Dokument 22). Angesichts der öffentlichen Unterstützung zeigte sich Frau Bitter entschlossener denn je, die Bewältigung der Kriegsgefangenenfragen auf jede nur mögliche Art und Weise voranzutreiben, und sie sicherte sich die Hilfe einer ständig wachsenden Anzahl von Bürgerorganisationen. So wurde ihr etwa eine „Resolution" von einer Vereinigung von Frauenverbänden überreicht, die dartun sollte, daß die Frauen gewillt seien, im Kampf um die Befreiung aller Kriegsgefangenen und um die Aufklärung des Schicksals der Vermißten nicht nachzulassen (Dokument 23); am Vorabend der Registrierungsaktion war das eine trostvolle Botschaft für die Regierungsrätin aus Bayern.

IV. Die Registrierungen

Das Projekt, Informationen über Kriegsgefangene und vermißte Wehrmachtsangehörige durch eine Registrierungsaktion in allen Ländern der amerikanischen Besatzungszone zu sammeln, war ausgesprochen delikat. Es konnte durchaus sein, daß die Ergebnisse eine statistische Basis lieferten, welche dazu ausreichte, die während der Moskauer Konferenz mitgeteilten sowjetischen Zahlen anzufechten und stärkere amerikanische Aktivitäten bei der Lösung der Kriegsgefangenenfrage zu erreichen.

In technischer Hinsicht stellte das Unternehmen die deutsche Bürokratie vor gewisse Probleme. Es war von größter Wichtigkeit, daß die Resultate der Registrierung in akzeptablen Angaben bestanden. Der Länderrat und Frau Bitters Ausschuß waren sich jedoch des begrenzten Wertes ihrer Quellen und des vorgesehenen Verfahrens sehr bewußt. Immerhin hatte die Bremer Registrierungsaktion die Validität dieser Methode zur Datensammlung bereits erwiesen, und bislang hatte es noch keine ernsthafte Kritik an der Art und Weise gegeben, in der die Untersuchung durchgeführt worden war. Ihre Überzeugungskraft resultierte nicht zuletzt daraus, daß keine der zusammengetragenen Angaben von einer der Besatzungsmächte stammte – bei der Suche nach der „vermißten Million" ein außerordentlich bedeutungsvolles Element.

Die Mittel, die den deutschen Ländern im Jahre 1947 zu Gebote standen, waren recht unzulänglich. Die Wirtschaft funktionierte als Kompensationswirtschaft, und zwar auf der Basis ausgedehnter Schwarzmarktgeschäfte. Es war nicht einfach, für staatliche Projekte, bei denen die Bezahlung in nahezu wertlosem Geld nicht einmal ein Mittagessen garantierte, qualifiziertes Personal zu finden. Schon die ersten Diskussionen im Länderrat hatten zu dem Schluß geführt, daß neben Beamten der staatlichen Verwaltung und der lokalen Polizeidienststellen vor allem Universitätsstudenten und heimgekehrte Soldaten, die nach einer temporären Beschäftigung suchten, für die Registrierungsaktion angeheuert werden sollten[1]. Papier war knapp, und wenn hunderttausende von Formularen und Fragebögen gedruckt werden sollten, wurde außerdem die Genehmigung durch die Militärregierung gebraucht.

Die beiden Gruppen, die bei der Untersuchung in erster Linie erfaßt werden mußten, waren Verwandte, die über Adressen oder über Briefe von Kriegsgefangenen bzw. ehemaligen Kriegsgefangenen verfügten. Große Aufmerksamkeit mußte man dem Problem der Doppelzählungen widmen, weshalb man sich dafür entschied, im Zweifelsfalle nur den nächsten Verwandten den Fragebogen ausfüllen zu lassen. Alle Informationen wurden dann auf Lochkarten übertragen, und zwar nach einem System, das ein Amerikaner deutscher Abkunft namens Hermann Hollerith im 19. Jahrhundert

[1] BA, B 150/319: Brief Prellers vom 3. November 1947.

eingeführt hatte. Die sogenannte „Hollerithauswertung" ermöglichte eine leichte Datensammlung und die Integration später eintreffender Informationen in die voluminösen Suchdienst-Akten. Dazu gehörte auch eine Methode zur ständigen Ergänzung der Kartei durch neue Daten. Jeder heimkehrende Soldat erhielt sogleich ein Formblatt, das dann, sobald er es ausgefüllt hatte, an die Zonenzentrale in München zur monatlichen Aktualisierung der Kartei ging. Auch ein Bewertungsschema war entwickelt worden[2].

Die Registrierung begann im Juni 1947, und zwar zunächst in Bayern, was es Frau Bitter zufolge möglich machte, Württemberg-Baden und Hessen Verbesserungsvorschläge für ihre danach anlaufenden Verfahren zu übermitteln. Später sollten dann die Resultate der Registrierung in den drei Ländern durch Presse, Rundfunk und offizielle Bekanntmachungen der Statistischen Landesämter verbreitet werden[3]. Die Aktion hatte einen etwas enttäuschenden Start, da sich zunächst nicht so viele Personen wie erwartet mit Informationen meldeten. Doch kam die Sache bald besser in Schwung, nachdem sich herumgesprochen hatte, wie wichtig die Registrierung war. Bis Ende Juli war bereits eine Reaktion von mehr als 90 Prozent der anvisierten Personengruppe zu verzeichnen[4]. Die Angaben ehemaliger Kriegsgefangener über noch immer festgehaltene Kameraden wurden zu den Akten genommen, blieben jedoch für die Endzahl unberücksichtigt; nur die Namen jener Personen wurden registriert, die mit ihren nächsten Verwandten in schriftliche Verbindung getreten waren (Dokument 24). Vom moralischen Anspruch ihres Projekts durchdrungen, war das mit der Registrierung befaßte Personal sich der Bedeutung der Aktion für die deutsche Bevölkerung sehr bewußt: „Von welcher Wichtigkeit es (...) ist, den Kindern die Väter, den Frauen die Männer – über die Hälfte der Kriegsgefangenen ist verheiratet –, den Eltern die Söhne zurückzugeben, liegt eigentlich klar auf der Hand."[5]

Aus den Resultaten der Registrierung ergab sich hinsichtlich der Kriegsgefangenen und der vermißten Wehrmachtsangehörigen ein Bild von erheblicher Bedeutung für die weitere Beurteilung und Behandlung der Frage. Die Männer, die sich noch in Gefangenschaft befanden, und jene, die als vermißt gemeldet wurden, machten 10,6 Prozent der gesamten männlichen Bevölkerung der amerikanischen Zone aus. 828 065 Namen wurden erfaßt, wobei die Zahl der Vermißten die Zahl der bekannten Kriegsgefangenen um etwa 27 000 überstieg. Angesichts der ungeheuren Anstrengungen, die für einen Wiederaufbau zu leisten waren, war der Altersstruktur besondere Aufmerksamkeit gewidmet worden. Es stellte sich heraus, daß nahezu 80 Prozent der Männer beider Kategorien jünger als 40 Jahre waren; wiederum waren Kriegsgefangene und Vermißte in jeder Altersstufe fast in gleicher Anzahl vertreten. Was die berufliche Gliederung

[2] Ebenda, 323, Heft 2: Vermerk für den Leiter der Zonenzentrale vom 8. Mai 1947.

[3] Bitter-Papiere, On the Work Done in Bavaria in Behalf of Prisoners of War by Regierungsrätin Dr. Margarethe Bitter, o.D.

[4] BA, B 150/342: Landesarbeitsgemeinschaft für Kriegsgefangenenfragen Württemberg-Baden, 2. August 1947.

[5] Ebenda, 323: Die Kriegsgefangenen, 14. Januar 1948.

angeht, so hatten bei den Vermißten die in Landwirtschaft und Gewerbe Tätigen ein relatives Übergewicht, wenn auch ein stattlicher Prozentsatz (14,2) als berufslos erschien, was ohne Zweifel auf ihr Alter beim Eintritt in die Wehrmacht zurückzuführen war. Die Endzahlen zeigten, daß von einer eindeutigen Mehrheit der Vermißten, nämlich von 68,2 Prozent, das letzte Lebenszeichen aus der Sowjetunion, aus Polen, aus der Tschechoslowakei und aus Jugoslawien gekommen war. Vor dem Hintergrund der Volkszählung des Jahres 1946, die alle vier Besatzungszonen umfaßt hatte, konnte geschätzt werden, daß der ermittelte prozentuale Anteil der Gefangenen und Vermißten an der männlichen Bevölkerung, also 10,6 Prozent, für die vier Zonen in 3 107 500 Personen übersetzt werden mußte, von denen 1 600 000 als Vermißte zu führen waren (Dokument 24). Diese Zahl stand in scharfem Gegensatz zu der auf der Moskauer Konferenz genannten Zahl (annähernd 2 Millionen). Da die Vermißten in der sowjetischen Zahl nicht enthalten waren, blieb, wenn man die Moskauer Angaben für bare Münze nahm, das Geschick von mehr als einer Million Mann völlig unerklärt. Jedoch ging aus der Registrierungsaktion klar hervor, daß 90 Prozent der dabei als vermißt Erfaßten „sich zuletzt von der Ostfront gemeldet hatten" (Dokument 25).

Alle verfügbaren Medien wurden in Dienst genommen, um die deutsche Öffentlichkeit über die Ergebnisse der Registrierung zu unterrichten. Als außerordentlich wirksam erwies sich dabei die „Kriegsgefangenensendung": „Die Ergebnisse der Registrierung in den Ländern Bayern, Hessen und Württemberg-Baden liegen noch nicht endgültig vor", so hieß es am 14. Januar 1948. „Wir hoffen, sie spätestens in der nächsten Sendung bekannt machen zu können. Auch nachträgliche Meldungen können noch berücksichtigt werden. Es geht darum, ein klares und nüchternes Bild zu schaffen über die Zahlen und Verhältnisse, die unsere Gefangenen und Vermißten betreffen. Keiner von ihnen darf durch eine versäumte Meldung vergessen werden!"[6] Auch die Statistischen Landesämter veröffentlichten Angaben zur Registrierung und erklärten dabei etwas detaillierter deren Bedeutung für das jeweilige Land. Durch Überschriften wie „Wo sind unsere Kriegsgefangenen?" wurden die komplizierteren Statistiken für die durchschnittlichen Leser verständlich gemacht, und denjenigen, die noch genauere Informationen wünschten, bot man Adressen und Telefonnummern an[7].

Selbst den größten Skeptikern war nun klar geworden, daß die Registrierung eine Datenmasse ergeben hatte, die den Ländern bei ihren Versuchen, im Ringen mit alliierten Behörden Klarheit in den Kriegsgefangenenfragen zu gewinnen, von Nutzen sein mußte. Ein späterer Bericht, der die Errungenschaften der LAG für Kriegsgefangenenfragen würdigte, stellte die Untersuchung in die richtige Perspektive, als er die „Registrierung der Kriegsgefangenen und Vermißten im Juni 1947" als ein Unternehmen bezeichnete, das „den deutschen Stellen erstmalig umfangreiches Zahlenmaterial über das Ausmaß des Kriegsgefangenen- und Vermißtenproblems in die Hand gab"[8].

[6] Ebenda, 358: Die Kriegsgefangenen, Juli 1947.

[7] Ebenda, 323, Heft 2: Bayerisches Statistisches Landesamt, 23. September 1947, und Hessisches Statistisches Landesamt, 1. Dezember 1947.

[8] Ebenda, 4409: Abschlußbericht, LAG für Kriegsgefangenenfragen vom 30. September 1952.

Der Länderrat und Frau Bitters Ausschuß wollten auf der Basis des Materials, das die Registrierung ergeben hatte, sofort handeln. Das Material wies in mehrere Richtungen. Die Vereinigten Staaten waren keine Gewahrsamsmacht mehr, nachdem sie die Entlassung all ihrer deutschen Kriegsgefangenen bekanntgegeben hatten (Dokument 26), und nahmen daher am Zahlenspiel nicht länger teil. Der offenkundige Vorteil für Frau Bitter und ihre Mitarbeiter lag darin, daß bei den Versuchen, aus anderen alliierten Regierungen, namentlich die sowjetische, zu Informationen zu bewegen, nun eher amerikanische Unterstützung mobilisiert werden konnte. Angesichts der Registrierungsergebnisse schien es an der Zeit, ein für alle vier Zonen zuständiges Kriegsgefangenenamt zu schaffen. Doch war es wenig wahrscheinlich, daß ein entsprechender Vorschlag Erfolg haben würde, da ein solches Amt eine gesamtnationale Institution in einem Land dargestellt hätte, das, jedenfalls hinsichtlich seiner Verwaltungsstruktur, kein Nationalstaat mehr war. Führte man sich vor Augen, wie miserabel es um die Zusammenarbeit zwischen den vier Besatzungsmächten bestellt war, mußte man die Aussichten wahrlich skeptisch beurteilen. Allenfalls rückte jetzt ein engeres Arbeitsverhältnis zwischen den Einrichtungen der drei Westzonen in erreichbare Nähe.

Amerikaner und Briten suchten bei gemeinsamen zonalen Problemen schon immer zu kooperieren, wobei die Briten zumeist eher folgten als vorangingen. In der Kriegsgefangenenfrage war die Zusammenarbeit jedoch nicht so reibungslos wie gewöhnlich, da die britische Regierung nach wie vor deutsche Gefangene in Gewahrsam hatte und einem Entlassungstermin nur zögernd und nur auf Grund des öffentlichen Drucks in England und den USA zustimmte. Der Zonenbeirat, eine Körperschaft, die in mancher Hinsicht mit dem Länderrat vergleichbar war, rief im August 1947 tatsächlich einen Ausschuß für Kriegsgefangenenfragen ins Leben, der seine Zentrale in Hamburg einrichtete, und sorgte sofort für engere Beziehungen zu Frau Bitters Ausschuß in Stuttgart. Die administrative Struktur dafür war großenteils bereits vorhanden, da Stuttgart und München schon seit einiger Zeit mit der Deutschen Kriegsgefangenenhilfe und dem Suchdienst in Hamburg zusammenwirkten. Der Ausschuß für Kriegsgefangenenfragen, der in der britischen Besatzungszone entstanden war, stellte jedoch nicht einfach ein Duplikat des Bitter-Ausschusses dar: „Seine Aufgabe besteht vorwiegend in der Beratung des Plenums, in der Ausarbeitung von Anträgen an die Kontrollkommission und in enger Fühlungnahme mit dem Kriegsgefangenenausschuß des Länderrats in Stuttgart.“[9] Trotz eingeschränkterer Funktion war

[9] BT-PA, BZ1/Nr. 98: Kriegsgefangenenausschuß, Zonenbeirat, 4. September 1947. Schon 1947 war der Gedanke aufgetaucht, eine trizonale Zentralstelle für Kriegsgefangenenfragen zu schaffen, und zwar während der Münchner Ministerpräsidentenkonferenz. Der Zonenbeirat zeigte Interesse, und im August kam es zu einer gemeinsamen Besprechung („Die Vertreter aus der russischen Zone kamen und reisten wieder ab.“), die eine vorbereitende Erörterung ermöglichte. Frau Dr. Bitter stand der Idee positiv gegenüber, da sie sich davon größeren Einfluß auf die Besatzungsmächte versprach. Man kam überein, vorerst auf eine Zentralstelle zu verzichten, jedoch eine Kommission zu bilden, die für eine engere Koordination der alle Seiten interessierenden Kriegsgefangenenfragen sorgen sollte. Frankreich hatte bereits Interesse an einer Zusammenarbeit mit den beiden anderen Westzonen zu zeigen begonnen, womit ein funktionierendes trizonales Arbeitsverhältnis ohnehin gesichert schien.

indes die Entscheidung, dem Beispiel der süddeutschen Länder zu folgen und auch in der britischen Zone eine Registrierung durchzuführen, ein weiterer bedeutender Schritt zur Aufklärung des Geschicks von Deutschlands „vermißter Million".

Unter Nutzung der Erfahrungen, die Bremen und die süddeutschen Länder bei der Registrierung gemacht hatten, trafen der Zonenbeirat und sein neu geschaffener Ausschuß für Kriegsgefangenenfragen die Vorbereitungen für ihre eigene Untersuchung. Pläne dafür waren bereits seit einiger Zeit vorbereitet worden, da man natürlich damit gerechnet hatte, dem Kurs der süddeutschen Länder bald zu folgen. Schon im Mai 1947 hatte der Zonenbeirat über Ziele und Verfahrensprobleme diskutiert. Grundsätzlich ging es um Antworten auf die gleichen Fragen: Wieviele Männer saßen noch in Lagern fest? Wo befanden sich diese Lager? Wieviele Männer waren vermißt? Gab es deutliche Hinweise auf Zeit und Ort ihres Verschwindens? Die Bremer Registrierung hatte natürlich Antworten geliefert, aber nur in einem begrenzten Maße, während es sich jetzt um eine Aktion umfassender Natur handelte. Außerdem standen den deutschen Beamten in der britischen Zone, nicht anders als ihren süddeutschen Kollegen, sehr deutlich die wirtschaftlichen und sozialen Probleme der heimgekehrten Soldaten vor Augen, die ebenfalls umfängliche staatliche Planung erforderten[10].

Der Ablauf der Registrierung in der amerikanischen Zone wurde vom Zonenbeirat aufmerksam verfolgt und das angewandte Verfahren genau studiert. Danach entschied man sich dafür, die gleichen Richtlinien und Prozeduren anzuwenden. Für die Sammlung von Informationen über Kriegsgefangene, die mit ihren Angehörigen in Postverbindung standen, über vermißte Wehrmachtsangehörige, bei denen die offizielle Feststellung des Todes noch nicht eingeleitet war, und über vermißte deutsche Zivilisten sollte ein 3-Karten-Identifizierungssystem benutzt werden. Die dritte Kategorie wurde später von der endgültigen Kriegsgefangenenzählung abgetrennt. In der öffentlichen Ankündigung der bevorstehenden Registrierung, die Mitte August begann, wurden der Bevölkerung die Bedeutung der Aktion und deren Einzelheiten erklärt. Der einzige Kommentar seitens der britischen Besatzungsbehörden bestand in der Mahnung, bei der Durchführung der Registrierung bestehendes Militärrecht nicht zu verletzen[11].

Um größtmögliche Genauigkeit zu erreichen, sollten die Registrierungsergebnisse der Suchdienst-Zonenzentrale in Hamburg zur Gegenprüfung und zur Vereinigung mit den dortigen Akten zugeleitet werden: „Sie soll außer ihren eigenen Unterlagen (7,7 Millionen Karten) heranziehen die Materialien der Zonenzentrale München, des Suchdienstes für vermißte Deutsche in der sowjetischen Okkupationszone Deutschlands in Berlin, der Agence Centrale beim Internationalen Komitee vom Roten Kreuz in Genf, die Kriegssterbefall- und Vermißtenkartei der ehemaligen Wehrmachtsauskunftsstelle in Berlin, die Unterlagen aus der Rückkehrerbefragung der Suchdienst-Arbeitsgemeinschaft (Stuttgart), die Listen und Karteien der nationalen Auskunftsbüros und der ausländischen Rot-Kreuz-Gesellschaften."[12]

[10] Smith, Heimkehr aus dem Zweiten Weltkrieg, Kap. IV.

[11] BT-PA, BZ1/104: Brief Händschens vom 28.August 1947.

[12] BA, B 150/323, Heft 2: Vermerk für den Leiter der Zonenzentrale vom 8. Mai 1947.

Die Registrierung in den Ländern Schleswig-Holstein, Niedersachsen, Hamburg und Nordrhein-Westfalen fand im September und Oktober 1947 statt. Die dabei ermittelten Zahlen lauteten: 390 208 Männer waren noch in Kriegsgefangenschaft, 570 969 vermißt (Dokument 27). Dem Beispiel der süddeutschen Länder in der amerikanischen Zone folgend, schätzte das Statistische Amt der britischen Besatzungszone, daß noch mit der Rückkehr von 562 000 Kriegsgefangenen gerechnet werden dürfe, während 568 000 Männer vorerst vermißt bleiben würden[13]. Zu den Endzahlen gab es keinen amtlichen Kommentar, auch keine Angaben zum letzten Einsatzgebiet der Vermißten bzw. zum derzeitigen Gewahrsamsort der Gefangenen. Jedoch wurde die Erwartung ausgesprochen, daß im Zuge weiterer Registrierung ehemaliger Gefangener in absehbarer Zukunft noch erheblich mehr Männer auftauchen würden als bisher bekannt und daß umgekehrt die Zahl der Vermißten etwas sinken werde. Unerklärt blieb die beträchtliche Differenz zwischen der registrierten Zahl der Gefangenen, also 390 208, und der Annahme, daß noch rund 562 000 Kriegsgefangene heimkehren würden. Die Auflösung des Rätsels könnte darin liegen, daß ja zahllose deutsche Soldaten, die bei Kriegsende im Westen in Gefangenschaft geraten waren, nie eine formale Entlassung durchlaufen hatten (siehe Kap. II) und daß die deutschen Behörden, die darüber durchaus im Bilde waren, annahmen, die nach summarischer Entlassung oder Flucht automatisch in die Kategorie „Sonstige Abgänge" eingestuften Soldaten würden bei späteren Zählungen doch noch erfaßt. Der Vergleich zwischen den beiden Vermißtenzählungen zeigt hingegen, daß in dieser Hinsicht nicht der gleiche Optimismus herrschte.

Das System, das Veränderungen der Zahlen verzeichnen sollte, indem jeder laufend zurückkehrenden Soldaten mit einem Fragebogen bedacht wurde, funktionierte gut, und 1948 konnten die Daten der Registrierung von 1947 erstmals aktualisiert werden. Im September 1948 hieß es in einem Bericht für die britische Zone, daß fast 100 Prozent der Fragebögen wieder zurückkämen; auch wurde festgestellt, daß viele der Heimkehrer keine ordentlichen Entlassungspapiere besaßen. Auf der Basis der neuen Zahlen wurde nun geschätzt, daß etwa 12 Prozent der bislang als vermißt gemeldeten Soldaten noch am Leben seien[14]. Revidierte Zahlen für den August 1948 besagten, daß 842 000 ehemalige Kriegsgefangene nach Hause zurückgekehrt seien und 44 000 vermißte Wehrmachtsangehörige aufgespürt worden waren. Die Zahl der Vermißten überstieg jedoch noch immer 1,7 Millionen[15].

Zu dieser Zeit verlief die Zusammenarbeit zwischen den Behörden der amerikanischen und der britischen Zone reibungslos. Für die Suche nach ehemaligen Wehrmachtsangehörigen war ein eindrucksvoller Apparat entstanden. Das bedeutete freilich keine Garantie dafür, daß nun Antworten auf alle Fragen möglich gewesen wären. Die Registrierungen und der Aufbau effektiver Suchdienste hatten vor allem die Probleme genauer aufgezeigt (Dokument 28). Es waren Daten gesammelt worden,

[13] Ebenda: Statistisches Amt der Britischen Besatzungszone, 10. November 1947.
[14] Ebenda, 314: Sitzung des Kriegsgefangenenausschusses, 8. September 1948.
[15] Ebenda, 323: Die Kriegsgefangenen und Wehrmachtvermißten nach dem Stand vom 30. August 1948.

die den von vielen stets gehegten Verdacht stützten: Das Schicksal der im Westen vermißten und gefangengenommenen Wehrmachtsangehörigen durfte weitgehend als geklärt gelten, doch konnte das gleiche für den Osten keineswegs gesagt werden. Die Lücken zwischen den Angaben, die Moskau bislang gemacht hatte, und den Daten, die von den westdeutschen Ländern gesammelt worden waren, blieben bestehen. Die einzige logische Antwort, die auf der Grundlage der Registrierungen zu finden war, bestand in der Annahme, daß die eine Million deutscher Soldaten, die nach wie vor vermißt wurde, an der Ostfront gefallen oder in den Lagern der Sowjetunion wie ihrer Satellitenstaaten gestorben waren. Während dieses Problem vorerst ungelöst bleiben mußte, war es auf der Basis des gesammelten Materials möglich, sich der schwierigen Frage der Todeserklärungen wirksamer als bisher zu nähern.

Als die diversen Registrierungen von Kriegsgefangenen und Vermißten komplettiert, ausgewertet und der Öffentlichkeit zugänglich gemacht waren, hatten viele deutsche Soldaten seit Jahren als vermißt gegolten und nicht das kleinste Lebenszeichen gegeben. Doch war es immer noch sehr schwierig, all die konkreten Details herauszufinden, die für die Aufklärung des Schicksals der als vermißt Gemeldeten von Bedeutung waren; die deutschen Suchdienste hatten einfach nicht den Zugang zu den notwendigen Informationen. Bei jenen Männern, die bis etwa Mitte 1944 verloren gegangen waren, stand wenigstens die Zahl ungefähr fest, doch danach verwischten sich die Dinge. Erst mit den Registrierungsaktionen der Nachkriegsjahre konnte wieder einige Klarheit geschaffen werden.

Die Ungewißheit über das Geschick vermißter Wehrmachtsangehöriger brachte namenloses Leid über die Familien und vor allem die Ehefrauen, doch als die Jahre verstrichen, mußte allmählich die Tatsache akzeptiert werden, daß ein geliebter Sohn oder Ehemann nie mehr heimkehre würde. Daher wurde von den staatlichen Stellen jede Anstrengung unternommen, um Informationen zusammenzutragen, die als Grundlage einer definitiven Todeserklärung dienen konnten. Die Öffnung der WASt-Akten durch die Amerikaner erwies sich dabei als sehr hilfreich, aber erst die Registrierungen machten für viele Verwandte der Vermißten den Weg frei, jene sozialen Leistungen zu erhalten, die sie meist dringend brauchten und auf die sie einen Anspruch hatten; auch wurde nun die Bereinigung zahlloser persönlicher Probleme möglich, die so lange ungelöst geblieben waren (Dokument 29).

Der erste Schritt bestand darin, die allgemeinen Richtlinien für die offizielle Todeserklärung eines vermißten Soldaten festzulegen. Seit Kriegsende waren inzwischen fast drei Jahre vergangen, und während dieser ganzen Zeit hatten zahllose Frauen kein Wort von ihren vermißten Ehemännern gehört. In vielen Fällen, wenn die Vermißtenmeldung bereits in den Kriegsjahren gekommen war, dauerte die Zeit des Wartens auf ein Lebenszeichen sogar noch länger. Dies bedeutete nicht allein eine nahezu unerträgliche seelische Belastung, sondern brachte überdies das Leben der betroffenen Frauen gewissermaßen zum Stillstand; es konnte erst dann im vollen Sinne fortgesetzt werden, wenn der Staat dem Warten wenigstens legal ein Ende machte.

Verständlicherweise war es 1947 noch zu früh, für die Todeserklärung eines Vermißten bestimmte Fristen zu setzen. Staatliche Ämter hatten sich dieser Frage schon oft konfrontiert gesehen, da bereits bis dahin in Tausenden von Bittbriefen eine Entscheidung verlangt worden war, manchmal in Fällen, in denen die Männer seit 1943 vermißt waren. Der Länderrat hatte 1947, kurz nach den Registrierungsaktionen, festgelegt, daß für die Todeserklärung bei Vermißten noch kein definitiver Termin festgesetzt werden könne, da sich noch zuviele Kriegsgefangene in der Sowjetunion befänden[16]. Aber die Welle war nicht für lange aufzuhalten, und im folgenden Jahr kam man überein, daß Ehefrauen, deren Männer seit mindestens drei Jahren offiziell als vermißt galten, eine sogenannten „Verschollenheitsrente" beziehen konnten. Damit hatte der Staat signalisiert, daß die Wartezeit ihr Ende gefunden habe.

Nun mußten sich die Gerichte darauf einstellen, auf der Basis individueller „Todeserklärungs-Verfahren" eindeutige Entscheidungen, das heißt die „Feststellung des Todes", zu treffen. In jedem Falle war zu ermitteln, ob es Zeugen gab; das galt sowohl für die in Kämpfen Vermißten wie für die später in Kriegsgefangenenlagern Verschwundenen. Naturgemäß waren Zeugen nicht leicht zu finden, und so blieb die Verantwortung doch oft am Gericht hängen. Eine große Hilfe stellte es dar, wenn ein früherer Kamerad des Vermißten, auch wenn er kein Augenzeuge des Todes gewesen war, immerhin zu bekunden vermochte, er wisse, daß der Betreffende tot sei. Aber selbst wenn relativ überzeugendes Beweismaterial auf eine „hohe Wahrscheinlichkeit" des Todes schließen ließ, war zwischen der Gerichtsverhandlung und der definitiven Todeserklärung eine Wartefrist von einem Jahr notwendig. Die Gerichtsentscheidungen wurden dann auch in der Presse veröffentlicht und einen Monat danach rechtskräftig. Stets mußten aber in jedem Einzelfall Auskünfte beim WASt, bei der Genfer Registratur des Internationalen Roten Kreuzes und bei den Suchdiensten eingeholt werden - ein Prozeß, der zumindest einige Monate beanspruchte. Sobald ein begründeter Zweifel auftauchte, hatte das Gericht nach dem „Verschollenheitsgesetz", das am 1. Juli 1949 in Kraft trat, seine Entscheidung aufzuschieben oder auch zu widerrufen (Dokument 30).

Bei alledem erwiesen sich die Daten, die 1947 und 1948 durch die Registrierungsaktionen gesammelt worden waren, als überaus hilfreich. Sie ermöglichten es den Beamten, mit der Planung für die Zukunft zu beginnen. Doch blieben Zweifel. Wie konnte mehr als eine Million Männer einfach verschwinden? Wer trug daran tatsächlich die Schuld? Gab es eine Verschwörung der Alliierten, Informationen zurückzuhalten? War es wirklich möglich, daß alle diese Männer ihr Ende im Osten gefunden hatten? Manche glaubten, definitive Antworten seien erst dann zu erwar-

[16] Ebenda, 317: Länderrat, 12. August 1947. Die politische Situation war im Hinblick auf rechtliche Einheitlichkeit weit von der Normalität entfernt, auch wurden Rechtsverfahren oft durch gefälschte Dokumente beeinflußt. Auf dem Schwarzen Markt war praktisch jede Art von Dokumenten zu kaufen, auch eidesstattliche Erklärungen über das Schicksal eines Vermißten. Dies führte sogar zu der Sorge, daß durch Leute, die Todeserklärungen für Vermißte anstrebten, den Gerichten zu viele gefälschte Papiere vorgelegt würden. Vgl. Smith, Heimkehr aus dem Zweiten Weltkrieg, Kap. III.

ten, wenn es wieder eine deutsche Bundesregierung gebe, die eigene Nachforschungen anstellen könne. Im Jahr 1950 führte die Regierung Adenauer eine neue Erhebung durch und registrierte offiziell 1 148 000 Männer als vermißt[17].

Natürlich gab es viele, die keinen Zweifel hatten, was mit den Vermißten geschehen war. Die Registrierungen hatten lediglich bestätigt, was sie schon längst wußten: nämlich daß die Vermißten an der Ostfront gefallen bzw. in sowjetischen Kriegsgefangenenlagern gestorben waren. Diese Überzeugung fand auch darin Nahrung, daß die westlichen Nationen, die deutsche Kriegsgefangene in Gewahrsam hielten, schon seit langem Entlassungsprogramme bekanntgegeben hatten. Bis Ende 1948 waren fast alle deutschen Gefangenen, die in den Lagern westlicher Länder gesessen hatten, wieder zu Hause, und zum dominierenden Thema der Regierung Adenauer wurde auf diesem Felde alsbald die Frage nach dem Schicksal der sogenannten „Ostvermißten".

In Anbetracht der spärlichen Informationen aus der Sowjetunion und den übrigen östlichen und südöstlichen Ländern, die Deutsche in Gewahrsam hatten, war es nur logisch, in dieser Richtung zu suchen. Die ganze Nachkriegsperiode hatte Enttäuschungen und Frustrationen gebracht, als Anfrage auf Anfrage mit Schweigen beantwortet worden war. Die Registrierungen hatten ergeben, daß mehr als 3 Millionen Männer in sowjetische Gefangenschaft geraten waren, die Sowjets selbst hatten bei Kriegsende die gleiche Zahl genannt. Gleichwohl beharrte Moskau darauf, daß sich in der UdSSR lediglich 890 535 Gefangene befänden (Dokument 19). Zog man die Zahl der Gefangenen ab, von denen bekannt war, daß sie noch in Lagern saßen oder auf der Basis von Arbeitsverträgen im Ausland waren, und schlug man dann die Moskauer Zahl dazu, kam man immer wieder darauf, daß mehr als eine Million fehlte. Unbestreitbare Tatsache war, daß rund 90 Prozent dieser Vermißten ihr letztes Lebenszeichen unter einer Feldpostnummer an der Ostfront gegeben hatten (Dokument 25). So traf ein Kommentator in einer Kriegsgefangenensendung ins Schwarze, als er sagte: „Die Kriegsgefangenenfrage beginnt mehr und mehr ein politisches Problem zu werden."[18]

Die Verschärfung des Kalten Krieges brachte für die Suche nach den Kriegsgefangenen Positives und Negatives. Auf der negativen Seite stand, daß der Konflikt zwischen der Sowjetunion und den Vereinigten Staaten die Kriegsgefangenenfrage zeitweilig zu einem der zahllosen Argumente in einem erbitterten Propagandakrieg herabminderte. Ein positiver Faktor war jedoch die wachsende Bereitschaft der Vereinigten Staaten und dann auch Großbritanniens, den Deutschen bei ihrer Suche nach der Wahrheit über ihre toten und vermißten Soldaten endlich einige Unterstützung zu gewähren. Auf die offiziellen Kanäle beschränkt, hatten der Länderrat und Frau Dr. Bitters Ausschuß anfänglich kaum eine andere Wahl, als ihre Suchanstrengungen auf

[17] Germany Reports, The Press and Information Office of the Federal Government (Hrsg.), Introduction by Konrad Adenauer, Wiesbaden ^{3}1961, S. 75.

[18] BA, B 150/323: Kriegsgefangenensendung, 22. Oktober 1948.

das RGCO zu konzentrieren und darauf zu hoffen, von Zeit zu Zeit die Aufmerksamkeit General Clays zu wecken. Sie erkannten, daß ihre Ansuchen den Realitäten Rechnung tragen mußten und die Sowjetunion nicht angreifen durften, weshalb sie die Betonung stets auf die humanitären Aspekte der Kriegsgefangenenprobleme legten. Während der Registrierungen des Jahres 1947 wies Frau Bitter das RGCO auf die schmerzliche Ungewißheit hin, die das Leben so vieler Millionen Deutscher belaste, weil sie noch ohne Nachricht über das Schicksal ihrer Lieben seien. Sie vermochte den Hinweis nicht zu unterdrücken, daß alle Staaten, von denen die Genfer Konvention unterzeichnet worden sei, inzwischen Informationen über die gefallenen und vermißten deutschen Soldaten zur Verfügung gestellt hätten. Mit der vollen Unterstützung ihrer Kollegen im Länderrat bat sie deshalb im Juni 1947 darum, die Vereinigten Staaten möchten die Sowjetunion ersuchen, das gleiche zu tun. Die amerikanischen Behörden erwiderten, daß sie zwar für das deutsche Anliegen Verständnis hätten, aber in einer Frage, die im Grunde eine innere Angelegenheit der Sowjetunion sei, nicht direkte Gespräche mit ihren sowjetischen Partnern in der SBZ einleiten könnten[19]. Diese Haltung sollte sich allerdings bald ändern.

Einige Monate später, im Dezember 1947, appellierten die Ministerpräsidenten erneut an die Amerikaner, diesmal unmittelbar an General Clay, den sie baten, persönlich den Versuch zu machen, ein Treffen zwischen einem Vertreter des Bitter-Ausschusses und einem sowjetischen Funktionär zu arrangieren. Clay stimmte zu, schätzte jedoch die Chancen, eine Antwort zu bekommen, sehr skeptisch ein. Er erfüllte sein Versprechen und übermittelte den Sowjets ein entsprechendes Schreiben, das aber in der Tat, wie er vorhergesagt hatte, ohne Antwort blieb[20].

Überraschenderweise nahm der General das sowjetische Schweigen nicht einfach hin; er ließ etliche Wochen später einen zweiten Brief folgen. Wiederum reagierten die Sowjets mit Schweigen. Als das RGCO Erich Roßmann, den Generalsekretär des Länderrats, über die negativen Ergebnisse unterrichtete, schloß die Mitteilung mit einer pessimistischen Bemerkung: „Offensichtlich kann in dieser Sache nichts mehr getan werden."[21] Man kann die Beharrlichkeit Clays gewiß als Bestandteil einer amerikanischen Politik interpretieren, die der wachsenden Liste amerikanischer Beschwerden über die Sowjetunion einfach ein weiteres Gravamen hinzuzufügen suchte, doch war sie mehr noch ein Signal dafür, wie ernst die Amerikaner deutsche Forderungen mittlerweile nahmen.

Inzwischen setzten die Deutschen, auf der Ebene der Länder, die Bemühungen fort, ihre Karteien durch die Befragung der heimkehrenden Soldaten anzureichern.

[19] Ebenda, 319: Winning an Roßmann am 23. Juli 1947.

[20] Ebenda, Winning an Roßmann am 28. Januar 1948. Einem Vertreter der Landesregierung von Nordrhein-Westfalen war es zuvor gelungen, in Verbindung zu einem russischen Oberstleutnant Slawin zu treten, der zur Sowjetischen Militäradministration in Berlin gehörte. Er bewog den russischen Offizier, ein Bittgesuch um Information über deutsche Kriegsgefangene in der Sowjetunion entgegenzunehmen. Slawin versprach, das Schreiben an die zuständigen Stellen weiterzuleiten; vgl. ebenda, 344a: 31. Oktober 1947.

[21] Ebenda 319: Winning an Roßmann am 23. März 1948.

Doch zeichnete sich hier ein Ende ab, da selbst diese Quelle nicht unproblematisch war; die Heimkehrer machten nämlich darauf aufmerksam, daß sie den noch in der Sowjetunion festgehaltenen Kameraden womöglich schadeten, wenn sie Informationen über die Toten oder die Vermißten lieferten (Dokument 31). Ein Hoffnungsschimmer zeigte sich, als der Generalsekretär der Vereinten Nationen, Graf Folke Bernadotte, sich bereit erklärte, die Kriegsgefangenenfrage zu untersuchen. Seit langem in solchen Problemen aktiv, hatte Graf Bernadotte während des Krieges im Auftrag des Schwedischen Roten Kreuzes auf dem Felde des Gefangenenaustausches gearbeitet. Sein gewaltsamer Tod im Jahre 1948 war mithin ein harter Verlust für die Sache der deutschen Kriegsgefangenen. Jedoch ließen sich die Ministerpräsidenten von diesem Rückschlag nicht entmutigen. Sie appellierten an General Clay, er möge seine Regierung dazu bewegen, Graf Bernadotttes Willen zu vollstrecken und die Frage der deutschen Kriegsgefangenen auf die Tagesordnung der UN-Sitzung vom 8. Dezember 1948 setzen zu lassen. Vor allem ging es den deutschen Regierungschefs um zwei Punkte: Moskau sollte aufgefordert werden, alle deutschen Gefangenen bis zum Jahresende zu entlassen und eine Liste all jener Kriegsgefangenen zusammenzustellen, die in sowjetischen Lagern gestorben waren. In Deutschland herrsche wegen dieser Probleme große Unruhe, warnten die Ministerpräsidenten: „Die Ungewißheit über die Vermißten und Toten führt zu gefährlichen Spannungen; sie hemmt außerdem viele Menschen vor lebenswichtigen Entscheidungen.“[22]

Unter Berufung auf das während der Moskauer Außenministerkonferenz vom März 1947 erreichte Übereinkommen ergriffen die Vereinigten Staaten tatsächlich die Initiative und übermittelten der sowjetischen Regierung eine Note mit den entsprechenden Fragen. Damit war eine gewissermaßen anwaltliche Beteiligung der USA auf höchster Ebene gegeben, eine Beteiligung, die offiziell ein Mitgefühl zum Ausdruck brachte, das weit über alles hinausging, was bislang von OMGUS gezeigt worden war. Die Note wurde von der amerikanischen Botschaft in Moskau dem sowjetischen Außenministerium am 3. Januar 1949 zugestellt (Dokument 32). Nach dem betonten Hinweis auf die Tatsache, daß die drei westlichen Signatarstaaten die in der Moskauer Vereinbarung übernommenen Verpflichtungen erfüllt und sämtliche deutschen Kriegsgefangenen entlassen hätten, während die Sowjetunion allen entsprechenden Nachforschungen mit Schweigen begegnet sei, erklärte die amerikanische Regierung, daß sich fraglos noch Hunderttausende deutscher Kriegsgefangener in sowjetischem Gewahrsam befänden, daß die sowjetische Regierung endlich dazu Stellung nehmen und außerdem Aufschluß über die Zahl der in sowjetischen Lagern Umgekommenen geben müsse.

Drei Wochen gingen ins Land, bis die Sowjets antworteten und jede Nichterfüllung des Moskauer Übereinkommens von 1947 bestritten. Die sowjetische Regierung stellte sich auf den Standpunkt, damals sei beschlossen worden, die Repatriierungsrate vom Berliner Kontrollrat ausarbeiten zu lassen, und daß dies eben nicht

[22] Ebenda, 307: Ministerpräsidenten an Clay am 18. November 1948.

geschehen sei. Die sowjetische Regierung wies ferner darauf hin, daß sowohl Frankreich wie England deutsche Gefangene mit zivilen Arbeitsverträgen festhielten und damit die Moskauer Vereinbarung verletzten. Die amerikanische Forderung nach Informationen über die toten und vermißten deutschen Kriegsgefangenen wurde abermals mit Schweigen übergangen. Im März 1949 zählte eine amerikanische Erwiderung auf die sowjetische Note haargenau auf, daß die Sowjetunion zwischen dem 5. Juli 1947 und dem 2. Januar 1948 die Repatriierungsverpflichtung nicht weniger als sechsmal bestätigt hatte. Ohne Wirkung! Die Vereinigten Staaten erhielten eine kurze und barsche Antwort, die mit dem Satz endete, die Sowjetunion sehe „keine Notwendigkeit, in eine weitere Prüfung der in der Note der amerikanischen Botschaft vom 15. März 1949 aufgeworfenen Fragen einzutreten“[23]. Nur die erste amerikanische Demarche hatte Deutschlands vermißte Million erwähnt, ein Thema, das die Sowjets lieber ignorierten.

Trotz der sowjetischen Intransigenz in der Kriegsgefangenenfrage dachten manche Beobachter in Deutschland nicht gleich an das Schlimmste. Sie glaubten, in der Sowjetunion befinde sich eine beträchtliche Anzahl deutscher Kriegsgefangener, denen einfach nicht erlaubt werde, nach Hause zu schreiben. Aussagen heimkehrender Soldaten ließen darauf schließen, daß dies tatsächlich oft der Fall war, und so blieb in vielen deutschen Familien die Hoffnung lebendig, daß ihre vermißten Angehörigen schließlich doch noch heimkehren würden.

Während des amerikanisch-sowjetischen Notenaustausches von 1949 schätzte freilich ein Vertreter des Ausschusses für Kriegsgefangenenfragen, die gesammelten Daten und die konstante Moskauer Informationsverweigerung vor Augen, die Möglichkeit, befriedigende Antworten auf die deutschen Fragen zu bekommen, recht pessimistisch ein. Unter Hinweis darauf, daß die Sowjets bis 1946 keine Statistiken über die Zahl der gestorbenen Deutschen geführt hatten und zu diesem Zeitpunkt bereits 90 bis 95 Prozent der Männer in sowjetischen Lagern an Krankheiten und Hunger gestorben waren, meinte er: „Wir müssen uns leider mit der Tatsache abfinden, daß der allergrößte Teil der ehemaligen Wehrmachtsangehörigen, die heute noch als vermißt gemeldet werden, nicht mehr am Leben ist. Die Möglichkeit, das Schicksal der Vermißten aufzuklären, ist gering.“[24]

Jedoch ging die Suche nach einer anderen Erklärung für die hohe Zahl der im Osten Vermißten weiter. In einer Diskussion im Länderrat wurde darüber spekuliert, ob die deutschen Gefangenen in der Sowjetunion nicht eine andere Verwendung gefunden haben könnten: „Es bleibt die Frage offen, ob diese Menschen zugrunde gegangen sind, ob sie als ‚freie Arbeiter‘ in den Industriezentren des Urals irgendwo angesiedelt wurden, oder ob man sie zu militärischen Zwecken zuammengezogen hat.“[25] Der Zonenbeirat machte noch auf eine weitere Möglichkeit aufmerksam: Vielleicht, so meinte man, hatten sich die vermißten deutschen Soldaten russische

[23] U.S. State Department, Germany 1947-1949. The Story in Documents, Washington 1950, S. 123f.
[24] BA, B 150/344/A: Bach an Härlin am 26. Januar 1949.
[25] Ebenda, 323: Die Kriegsgefangenen, 14. Januar 1948.

Frauen genommen und einfach beschlossen, nicht mehr nach Hause zurückzukehren. Doch wurde diese Überlegung rasch wieder verworfen, da das Fehlen so vieler Männer wohl kaum mit Eheschließungen – sofern solche überhaupt erlaubt waren – erklärt werden könne[26].

Im Februar 1949 berichtete dann eine deutsche Zeitung, daß annähernd 500 000 noch im Krieg umgekommene deutsche Soldaten von den deutschen Behörden bis Kriegsende nicht als gefallen gemeldet worden seien (Dokument 33). Binnen weniger Monate nach dem Krieg hätten die WASt-Akten allerdings die Benachrichtigung der nächsten Angehörigen und die Klärung des Schicksals der 500 000 erlaubt. Doch wurde die Verzögerung nicht weiter begründet, was nicht unbemerkt und nicht unausgenutzt blieb. So verbreiteten die kommunistischen Medien die von Radio Moskau aufgestellte Behauptung, der Fall beweise, daß deutsche Soldaten, die als an der Ostfront „vermißt" in den Registern stünden, in Wahrheit im Kampf gefallen seien. Hitler und sein Regime hätten die deprimierenden Nachrichten dem deutschen Volk vorenthalten wollen, doch sei dies gescheitert, als die amerikanischen Truppen 1945 ihre Hand auf die damals in Meiningen liegenden WASt-Akten gelegt hätten[27].

Indes konnte 1949 kein Zweifel mehr darüber herrschen, in welcher Region die vermißten Soldaten verschwunden waren. Mehr als zwei Jahre waren seit den Registrierungen des Jahres 1947 vergangen. Das wäre reichlich Zeit für das Erscheinen einer erheblichen Anzahl von Vermißten unter den Heimkehrern oder für das Auftauchen von Hinweisen – in den Heimkehrer-Berichten – darauf gewesen, daß etliche davon in sowjetischen Lagern noch am Leben waren. Eine Aktualisierung der Bremer Registrierungsdaten ergab aber ein trübes Bild: „Das Ergebnis der Ermittlung über die 7448 registrierten Vermißten ist weiterhin trostlos. Der allergrößte Teil davon, und zwar 6155, das sind 82,6 % wird in Rußland vermißt. 57 dieser Vermißten kehrten zurück (...). Nur durch intensive Befragung aller Heimkehrer kann weiter versucht werden, dieses Dunkel zu lichten."[28] Eine umfassende Stuttgarter Untersuchung kam zu den gleichen deprimierenden Ergebnissen (Dokument 34).

Zu diesem Zeitpunkt war das Material, das die diversen deutschen Suchorganisationen zwischen 1945 und 1949 so sorgfältig zusammengetragen hatten, von einigen westlichen Regierungen als klarer Beweis für das Verschwinden der Vermißten akzeptiert worden. Ein Bericht, der für einen Untersuchungsausschuß des amerikanischen Senats angefertigt worden war, welcher den Fall der deutschen Kriegsgefangenen in der Sowjetunion zu prüfen hatte, stellte ohne Umschweife fest, daß alle Mitteilungen, die Moskau seit 1947 über das Schicksal der im Osten vermißten deutschen Soldaten gemacht hatte, kein zutreffendes Bild ergäben. Zum Beispiel habe die Sowjetunion 1945 triumphierend bekanntgegeben, ihre Armeen hätten

[26] BT-PA, BZ1/102: Besprechung des Zonenbeirats am 29. Juli 1947.

[27] Neues Deutschland vom 27. Juli 1949. Nach dem Zentralverordnungsblatt der SBZ vom 9. März 1949 hatte die Deutsche Justizverwaltung bekanntgemacht, daß jeder – Soldat oder Zivilist –, der seit Kriegsende vermißt sei, ab 1. August 1949 für tot erklärt werden könne.

[28] BA, B 150/323, Heft 1: Zum Stand der Kriegsgefangenen in Bremen-Stadt, 19. August 1949.

mehr als 3 Millionen deutsche Soldaten gefangengenommen; es fehlten also, ohne Erklärung, 1 952 000 Mann[29].

Viele deutsche Beamte, die sich mit solchen Fragen zu befassen hatten, waren überzeugt davon, daß ein wichtiges Stück der Geschichte der Kriegsgefangenen im Dunklen bleibe, wenn nicht bald ein Programm zur Erhaltung und zur Sammlung der westlichen Quellen eingeleitet werde. Lasse man allzu viel Zeit verstreichen, werde eine exakte Rekonstruktion der Ereignisse für immer unmöglich. Am Vorabend der ersten Regierungsbildung in Westdeutschland machte das Deutsche Büro für Friedensfragen mit kräftiger Unterstützung durch den Länderrat einen Anfang, und zwar mit einem Bericht über die deutschen Kriegsgefangenen in der Sowjetunion. Jener Teil des Berichts, in dem von den Vermißten die Rede war, bestätigte abermals die verstörenden Resultate der vorhergegangenen Registrierungen und sah nur wenig Chancen für eine vollständige Aufhellung des Geschicks der vermißten Million (Dokument 34).

Die Entstehung der Bundesrepublik Deutschland und die sie begleitenden umfangreichen Aktivitäten, hatten die Intensität der Suche nach weiteren Informationen über die vermißten und gefallenen Wehrmachtsangehörigen freilich eher herabgesetzt, da es zeitweilig notwendigerweise andere Prioritäten gab[30]. Doch hielt dieser Zustand nicht lange an. Kurz nach der Bildung des ersten Kabinetts Adenauers wurde das neugeschaffene Bundesministerium für Vertriebene für die Kriegsgefangenenfrage zuständig; für dieses Ministerium blieb die Aufklärung des Schicksals der Vermißten eine ebenso wichtige Aufgabe wie die Entwicklung von Hilfsprogrammen für Heimkehrer. Zweifellos schwand für viele Ehefrauen und Familien die Hoffnung auf die Rückkehr ihrer Männer mehr und mehr dahin, jedoch war die Entschlossenheit ungebrochen, endlich herauszufinden, was mit den Vermißten tatsächlich geschehen war. So ordnete das nun federführende Vertriebenenministerium im März 1950 eine neue Registrierung der Kriegsgefangenen an, die für die Bundesrepublik Deutschland und Westberlin 1 148 000 ehemalige Wehrmachtsangehörige als vermißt verzeichnete und auch die Zusammenstellung einer umfassenden Liste ihrer Namen erlaubte. Später kamen dann noch mehr als 300 000 Namen dazu[31].

Einen Monat nach der Registrierungsaktion erarbeitete das Deutsche Rote Kreuz für Bundeskanzler Adenauer und sein Kabinett einen vertraulichen Bericht über die

[29] Communist Treatment of Prisoners of War. A Historical Survey, Washington 1972, S. 10. In der Untersuchung wurde festgestellt, daß, trotz außerordentlicher Anstrengungen, Informationen über die deutschen Kriegsgefangenen in der Sowjetunion zu gewinnen, nur enttäuschende Resultate erzielt worden seien. Während der fünfziger Jahre hatte sich die Sowjetunion beharrlich geweigert, bei der Suche nach der „vermißten Million" zu kooperieren, doch die Berichte, die weiterhin von heimkehrenden Gefangenen kamen, wiesen eindeutig auf die Verbindung zwischen schlechter Behandlung und Todesfällen in den Lagern hin.

[30] Smith, Heimkehr aus dem Zweiten Weltkrieg, Kap. VIII.

[31] Germany Reports, S. 75.

Kriegsgefangenen in der Sowjetunion. Das Rote Kreuz, das vor der Bekanntgabe irgendeines Teils des Berichts warnte, weil dies die Lage der noch in der Sowjetunion verbleibenden Gefangenen verschlechtern könne, präsentierte einige Statistiken. Auf der Basis von Informationen, die von den zuletzt heimgekehrten Soldaten geliefert worden waren, wurde geschätzt, daß noch einige Tausend Deutsche als Kriegsgefangene in sowjetischen Lagern saßen[32]. Das kam der Wahrheit nahe, kehrten doch in den fünfziger Jahren tatsächlich noch viele Männer zurück. Aber die Zahlen, die sich am Ende ergaben, blieben enttäuschend niedrig und vermochten die von den bisherigen Registrierungen gelieferte Vermißten-Statistik nicht wesentlich zu ändern.

In den Jahren 1950 und 1951 blieb das Problem der deutschen Kriegsgefangenen auf der Tagesordnung, weil sich, vornehmlich auf Drängen deutscher Politiker, die Vereinten Nationen mehrmals darum kümmerten. Da sie nun frei reisen konnten, waren Angehörige der westdeutschen Parteien jetzt in der Lage, in New York direkt bei den Vereinten Nationen vorstellig zu werden. Man verlangte genau zu wissen, wie viele deutsche Soldaten in der Sowjetunion begraben waren, wieviele dort unter welchen Umständen den Tod gefunden hatten und wieviele noch immer in Lagern saßen. Eine beträchtliche Anzahl von UN-Mitgliedern unterstützte die westdeutsche Forderung nach diesen Informationen: Mehr aber konnte ohne sowjetische Kooperation nicht getan werden. Im letzten Bericht der Landesarbeitsgemeinschaft für Kriegsgefangenenfragen, der im September 1952 entstand, war noch immer von 1 300 000 vermißten Soldaten die Rede, und alle zuständigen Organisationen wurden darin dringend aufgefordert, die Bemühungen um Klärung unentwegt fortzusetzen (Dokument 35).

Bald lagen mehr als ein Dutzend Bände vor, in denen über 1,15 Millionen vermißte Soldaten namentlich aufgeführt waren, allesamt mit dem letzten bekannten Aufenthaltsort im Osten; das war eine Anhäufung von unwiderleglichem Beweismaterial dafür, daß sie dort auch zugrundegegangen waren (Dokument 36). Angesichts solcher dokumentarischer Belege, die nach jahrelanger Kleinarbeit der westdeutschen Länder und ihrer Einrichtungen zusammengekommen waren, steht außer Zweifel, was mit der überwältigenden Mehrheit jener deutschen Soldaten geschah, die nach dem Ende des Zweiten Weltkriegs nicht mehr nach Hause zurückkehrten, ohne daß die genaueren Umstände ihres Verschwindens aufzuklären gewesen wären.

[32] BA, B 150/151, Heft 2: Deutsche Rotes Kreuz, Nachweisbare Zahl und Gewahrsamsorte der deutschen Kriegsgefangenen im Gewahrsamsbereich der UdSSR, April 1950, S. 1-12.

Schlußbetrachtung

Ist es denkbar, daß die so lange andauernde Kontroverse um Deutschlands „vermißte Million" vermieden worden wäre, wenn die Vereinigten Staaten und Großbritannien im Jahre 1945 auf die Kapitulation der deutschen Wehrmacht anders reagiert hätten? Was wäre etwa gewesen, wenn sie der übrigen Welt eröffnet hätten, daß sie zwar nicht in der Lage seien, deutschen Kriegsgefangenen in so ungeheurer Zahl die Genfer Garantien zu gewähren, daß sie aber jede Anstrengung machen würden, die Gefangenen anständig zu behandeln[1]? Es ist sehr zweifelhaft, daß solche Bekundungen wirklich etwas bedeutet hätten, denn noch so viele öffentliche Erklärungen wären ohne jeden Einfluß auf die Behandlung geblieben, die den Gefangenen in den Rheinwiesenlagern tatsächlich zuteil wurde. Dafür waren andere Umstände ausschlaggebend. Der durchschnittliche amerikanische Frontsoldat hatte wenig Sinn für die Rechtsprinzipien, um die es hier ging. Seine Haltung gegenüber dem individuellen Kriegsgefangenen war von seiner Kriegserfahrung bestimmt und auch von der Propaganda, die 1945, nachdem die deutschen Verbrechen in den befreiten Konzentrationslagern weiteste Aufmerksamkeit gefunden hatten, besonders stark wirkte.

Die meisten Regeln, die für die Behandlung von Kriegsgefangenen Geltung hatten, waren relativ neu. Sie waren Produkte der militärischen Konflikte in der zweiten Hälfte des 19. Jahrhunderts und des Ersten Weltkriegs. Dabei gab es stets das Problem, daß Kriegsregeln, die Gefangene betrafen, immer erst nachträglich entwikkelt wurden. So begann jeder neue Krieg mit Verhaltensweisen, die aus der Vergangenheit abgeleitet waren und auf eine ganz andere, unvorhergesehene Situation nicht mehr recht zutrafen. So waren zum Beispiel auch die frühen, in den Haager Konventionen von 1899 und 1907 niedergelegten Regeln für die Behandlung von Kriegsgefangenen den Realitäten des Ersten Weltkriegs nicht mehr angemessen. In ähnlicher Weise waren die nach 1918 vorgenommenen und in die Genfer Konvention von 1929 eingefügten Revisionen der späteren Situation inadäquat, die Großbritannien und die Vereinigten Staaten 1945 veranlaßte, Kriegsgefangene als Disarmed Enemy Forces bzw. Surrendered Enemy Personnel zu klassifizieren.

Stärksten Einfluß auf die Behandlung, die den deutschen Kriegsgefangenen nach dem Zweiten Weltkrieg zuteil wurde, hatte die Tatsache, daß es keine deutsche Regierung

[1] Ein Autor vertrat die Meinung, daß die Veränderung des Status der Kriegsgefangenen einen üblen Präzedenzfall bedeutete: Wilhelm, Can the Status for Prisoners of War Be Altered?, S. 8. Im übrigen gibt es einen kuriosen Unterschied, vergleicht man den Fall der deutschen Kriegsgefangenen mit dem der japanischen. Nachdem die Vereinigten Staaten japanische Gefangene zu DEF erklärt hatten, stellte ein ICRC-Bericht fest, daß die Japaner dies vorzogen, weil es ihnen half, dem Stigma des Kriegsgefangenen zu entgehen, und weil es ihnen erlaubte, unter dem Kommando ihrer eigenen Offiziere zu bleiben.

gab, die sich zum Anwalt ihrer Interessen hätte machen können. Das nahm den Gefangenen jeden Schutz, und da die Alliierten auf Grund ihres militärischen Sieges die totale Kontrolle über den ehemaligen NS-Staat übernahmen, existierte für die Schutzlosen keine Instanz, an die sich sie hätten wenden können. Die einzigen, die ihre Stimmen für die Rechte der Gefangenen zu erheben vermochten, waren die Regierungen der deutschen Länder, doch mußten diese Stimmen unter den Gesetzen und Bedingungen der Besatzungsherrschaft zunächst schwach und unwirksam bleiben. Hier stellte sich eine Aufgabe, die nur von einer größeren Einrichtung wie dem Länderrat angegangen werden konnte. Der Länderrat und sein Ausschuß für Kriegsgefangenenfragen waren es, die sich der Sache der Gefangenen annahmen und die Suche nach Antworten auf die in diesem Zusammenhang wichtigsten Fragen aufnahmen.

Indes wären in den ersten Nachkriegsjahren die deutschen Bemühungen nicht so erfolgreich gewesen, wie sie es dann tatsächlich waren, hätten sie nicht, freilich erst nach einer gewissen Verzögerung, die Unterstützung der Vereinigten Staaten gefunden. Nicht alle Siegermächte räumten in ihrer Besatzungspolitik dem Problem der Kriegsgefangenen hohe Priorität ein. Kriegsgefangene bedeuteten Arbeitskräfte, zwar nur temporär, aber gerade in der kurzen Zeitspanne nach dem Krieg wurden sie dringend benötigt; für ein bis zwei Jahre konnten sie auch in zivile Vertragsarbeiter verwandelt werden. Die Vereinigten Staaten waren die ersten, die deutsche Gefangene in großem Umfang entließen, doch muß gerechterweise gesagt werden, daß sie dazu wirtschaftlich auch besser in der Lage waren als andere Länder. Von Kriegsschäden völlig verschont geblieben, hatten die Vereinigten Staaten keinen Bedarf an ausländischen Arbeitskräften für den Wiederaufbau, wie das bei England, Frankreich und der Sowjetunion der Fall war. Auch wandten sich die amerikanischen Gewerkschaften energisch gegen die Beschäftigung konkurrierender Arbeitskräfte. Was aber die Amerikaner wirklich dazu bewegte, den Deutschen bei der Lokalisierung und Entlassung ihrer in Gefangenschaft geratenen Männer zu helfen, war der Beginn des Kalten Krieges. In der Rolle des Anwalts der Menschenrechte führten die Vereinigten Staaten eine der gewaltigsten Propagandakampagnen im Krieg der Worte und Ideen mit der Sowjetunion, und die Frage der deutschen Kriegsgefangenen lieferte dafür vortreffliche Munition.

Als die Debatten darüber eskalierten, machten die Amerikaner eine peinliche Entdekkung. Wollten sie die Sowjetunion als jene Gewahrsamsmacht brandmarken, die länger als alle anderen Siegerstaaten deutsche Kriegsgefangene schlecht behandelte und in ihren Lagern festhielt, so brauchten sie überzeugendes Material, um zu beweisen, daß eine Million deutsche Soldaten nicht im Westen umgekommen war. Aber auf Grund mangelnder Voraussicht und demzufolge ungenügender Vorbereitung auf die Gefangennahme von Millionen Soldaten sowie auf Grund unentschuldbarer Schlamperei bei der Registrierung der Gefangenen erwiesen sich die amerikanischen Quellen als völlig unzuverlässig. Statt Belastungsmaterialien gegen die Sowjetunion zu finden, bekamen die Statistiker Alpträume.

Dabei ist festzuhalten, daß die Mängel bei der Zählung der deutschen Kriegsgefangenen der Gleichgültigkeit zuzuschreiben sind, die von den Spitzen der amerikanischen Armee diesen Problemen gegenüber an den Tag gelegt wurde. Wären rechtzeitig Regeln für die Behandlung von Kriegsgefangenen aufgestellt und den amerikanischen Heerführern und Soldaten eingeschärft worden, hätten die Resultate anders ausgesehen als die Wirklichkeit von 1945; dabei wäre es völlig gleichgültig gewesen, welche Statusbezeichnung man den Gefangenen gegeben hätte. Insgesamt spiegelt das Verhalten der Soldaten auf unterer Ebene lediglich das Denkens in den Führungsstäben wider.

Natürlich ließ es sich im Frühjahr 1945 niemand träumen, daß ein paar Jahre später das Geschick von mehr als einer Million vermißter deutscher Soldaten Anlaß zu Fragen oder zu Besorgnis sein würde. Nachlässigkeiten beim Zählen schienen gänzlich unwichtig. Einmal begonnen, mußte sich die Praxis freilich als kaum noch korrigierbar erweisen. Tatsächlich hat sich das amerikanische Material als unkorrigierbar erwiesen, und wäre es die einzige Quelle für die Rekonstruktion des Geschicks der im Westen in Gefangenschaft geratenen deutschen Soldaten geblieben, so wäre über dieses Geschick wohl nie volle Klarheit zu gewinnen gewesen. Es ist allein der gründlichen und beharrlichen Arbeit der westdeutschen Suchdienste zu danken, daß heute zweifelsfrei gezeigt werden kann: Die „vermißte Million" ist im Osten verschwunden und nicht im Westen.

Da der Ausschuß für Kriegsgefangenenfragen und die seit 1947 durchgeführten Registrierungsaktionen weiteste Publizität in der deutschen Presse erhalten haben – wie auch der Besuch Bundeskanzler Adenauers in Moskau im Jahre 1955[2] –, ist nicht leicht zu verstehen, daß es über das Schicksal der „vermißten Million" noch weiterhin Ungewißheit geben konnte. Ebenso rätselhaft ist es, daß in umfänglichen späteren Forschungen – einschließlich derer der Maschke-Gruppe – die Arbeit von Frau Dr. Bitter und ihrem Ausschuß ebenso ignoriert wurde wie die Signifikanz der Registrierungen. Dies als unvermeidlich abzutun, weil ein beträchtlicher Teil jenes Materials der frühen Forschung nicht zugänglich gewesen sie, heißt zu ignorieren, daß das führende Personal des Ausschusses, wie Frau Dr. Bitter selbst, und Angehörige der Suchdienste noch lange in den neuen Ämtern der Regierung Adenauer aktiv waren.

Eine weitere wichtige Quelle stellten die Archive der Städte entlang des Rheins dar, in deren Nähe sich Gefangenenlager befunden hatten. Deren Verwaltungen trugen umfangreiches Material zusammen, das ein gutes Bild von der Behandlung der Gefangenen wie auch von den Todesraten vermittelte[3]. Hier fanden viele der Aussagen

[2] Vgl. Dokumente zur Deutschlandpolitik, III. Reihe, Band 1, 5. Mai bis 31. Dezember 1955, Frankfurt a. M. 1961, S. 305ff.

[3] Thomas/Hofmeister, Wickrathberg. Beide Autoren waren Gefangene in den Rheinlagern gewesen und schrieben ihre Erlebnisse nieder, als diese noch frisch in ihrem Gedächtnis waren. Die harten Entbehrungen, unter denen sie und ihre Kameraden zu leiden hatten, werden ohne anklagende Töne und ohne offensichtliche Werbung um die Sympathie der Leser geschildert. Bei der Beschreibung der Bewachung des Lagers berichteten sie die Praxis mancher amerikanischer Posten, gelegentlich Schüsse über das Lager abzugeben und so vor vermeintlich geplanten Ausbruchsversuchen abzuschrecken, doch sagen sie andererseits auch, daß es im Schutz der Dunkelheit relativ leicht war, unter dem Stacheldraht durchzukriechen, wenn jemand flüchten wollte. Als sie nach fünf Jahren die Stätte des Lagers wieder besuchten, besichtigten sie den Friedhof: „Am Rande des ehemaligen Lagergebietes liegt ein kleiner Friedhof mit etwa 200 Soldatengräbern. Hinter den niedrigen Hügeln (...) stehen kleine, schlichte Holzkreuze mit den Namen der im Lager Verstorbenen" (S. 15, 44).

ehemaliger Gefangener, sie seien von ihren amerikanischen Wärtern sehr schlecht behandelt worden, Bestätigung, während andererseits die in Gerüchten hochgeschraubte Zahl der Todesfälle gleich um Hunderttausende reduziert wurde.

Das Handeln jener Amerikaner, die in den Rheinlagern für den Hunger und die schlechte Behandlung der Gefangenen verantwortlich waren, ist keineswegs mit dem Argument zu erklären, das sei eine Folge des Krieges gewesen. Denn nicht alle deutschen Soldaten mußten leiden, die in amerikanische Gefangenschaft gerieten. Es war ein Kriegsverbrechen und sollte als solches in den Annalen festgehalten werden, doch darf die Schuld nicht allein den amerikanischen Soldaten vor Ort aufgebürdet werden, denn ihre Kommandeure und die Vertreter der Regierung, die nicht für Abhilfe sorgten, sind durchaus mitschuldig. Hingegen war die Entscheidung, die Gefangenen in den Rheinlagern als DEF zu klassifizieren, ohne jeden Einfluß auf ihr Schicksal; annähernd zwei Drittel aller gefangengenommenen deutschen Soldaten bekamen diesen Status oktroyiert, ohne daß viele Fälle schlechter Behandlung bekannt geworden wären. Die Vorgänge in den Rheinwiesenlagern müssen mithin als Abweichung von der Regel angesehen werden. Das macht das Verbrechen nicht weniger schwerwiegend, rückt es aber in eine Perspektive, die keinen Vergleich mit dem Geschick der deutschen Kriegsgefangenen erlaubt, die in sowjetische Hand fielen.

Da wir nicht über umfassende Befragungsergebnisse verfügen, können wir nur darüber spekulieren, warum ein Teil der deutschen Bevölkerung so schnell bereit war, die Behauptung, die Vereinigten Staaten von Amerika seien für den Hungertod von einer Million deutscher Soldaten im Jahre 1945 verantwortlich, als Aufdeckung eines lange gehüteten Geheimnisses zu empfinden[4]. Tatsache ist, daß für jeden, der es wissen wollte und der gewillt war, Nachforschungen anzustellen, die annähernde Zahl der Todesopfer in den Rheinlagern kein Geheimnis war. Die Untersuchungen der betroffenen rheinischen Städte hatten die offiziellen amerikanischen Zahlen längst nach oben korrigiert.

Geht man der Frage nach, was der „vermißten Million" deutscher Soldaten wirklich widerfahren ist, lassen sich einige fundamentale Feststellungen treffen, die jeden Zweifel über ihr Geschick zerstreuen:

1. Zwar ist als wahr anzuerkennen, daß in den Rheinwiesenlagern zwischen 8000 und 40000 (niederste und höchste Schätzung) deutsche Kriegsgefangene umgekommen sind, doch ist es gänzlich ausgeschlossen, daß dort eine Million Männer gestorben sein könnten, ohne die geringste Spur zu hinterlassen. Im Zuge der umfangreichen Bauarbeiten und Grabungen, die in den letzten vier Jahrzehnten entlang des Rheins stattgefunden haben, sind keine Massengräber entdeckt worden. Wohl haben wir Augenzeugenberichte ehemaliger Kriegsgefangener, die gesehen haben, wie Kameraden – in jeweils geringer Zahl – aus den Lagern geschafft wurden, um draußen irgendwo verscharrt zu werden, aber bis zum heutigen Tage ist niemand aufgetaucht, der bezeugt hätte, die Beseitigung von Hunderttausenden toter Gefangener beobachtet zu haben. In den Friedhöfen der Ortschaften am Rhein gibt es in der Tat Gräber, die als die letzte

[4] Bacque, Der geplante Tod.

Ruhestätte verstorbener Kriegsgefangener aus den nahegelegen Lagern identifiziert wurden, doch jeweils nur einige hundert.

Wären die Leichen anderwohin transportiert worden, hätte dies unmöglich geheim bleiben können. Hunderte von Fahrzeugen und Arbeitern wären notwendig gewesen, um eine große Anzahl von Leichen fortzuschaffen, und die deutschen Einwohner der Region hätten davon etwas bemerken müssen. Dieser Punkt ist für jede vernünftige Erörterung des Verbleibs der „vermißten Million“ von zentraler Bedeutung: Wenn so viel Männer starben, wo sind ihre sterblichen Überreste? Kann ein solches Beweismaterial nicht gefunden werden, dann ist am Rhein auch keine Million Soldaten umgekommen.

2. Die gründliche Arbeit der diversen deutschen Suchdienste führte, wenn es um vermißte Soldaten ging, die zuletzt im Westen gewesen waren, in nahezu allen Fällen zur Identifizierung. Die Frauen und nächsten Angehörigen dieser Soldaten erhielten schließlich eine Mitteilung: entweder daß ihr Mann oder Sohn überlebt hatte und in einem Gefangenenlager saß oder aber daß er, laut der WASt-Akten und anderen Unterlagen, gefallen war. Die Million Vermißter ist im Westen nicht zu ermitteln.

3. Durch die ausgezeichnete Arbeit des Länderrats und des Zonenbeirats sowie ihrer Ausschüsse für Kriegsgefangenenfragen, die wiederum aufs engste mit dem Internationalen Roten Kreuz, dem YMCA und den Suchdiensten kooperierten, konnte schon früh festgestellt werden, daß die überwältigende Mehrheit der vermißten Wehrmachtsangehörigen im Osten verschwunden war; sie war dort entweder gefallen oder nach Kriegsende in sowjetischen Lagern umgekommen. Diese Feststellung ist nicht vorschnell getroffen worden, sondern sie ist das Ergebnis intensiver Bemühungen, die am Ende auch mit amerikanischer und britischer Hilfe zur Sammlung und Auswertung einer ungeheuren Quantität von Interviews, Berichten und sonstigen Materialien führten. Einen großen Fortschritt brachten die Resultate der Registrierungsaktionen von 1947 und 1948. Daraus ergab sich ein klares Bild des Geschicks jener deutschen Soldaten, die im Westen in Gefangenschaft geraten waren. Wenn danach auch nicht mehr bestritten werden konnte, daß die Truppen und die Regierungen der Westmächte in bestimmten Fällen gegen die Genfer Konvention verstoßen hatten, so war doch kein Zweifel über den Verbleib der Gefangenen geblieben. Der Prozeß der Eliminierung ergab unzweideutig: Die Antwort lag im Osten. Die Anstrengungen konzentrierten sich denn auch bald nicht mehr auf die Frage, wo die Million vermißter Soldaten verschwunden war, sondern darauf, eine offenere sowjetische Informationspolitik zu erreichen, die bei der Identifizierung der Vermißten und bei der Ermittlung von Einzelheiten, z. B. der Lage von Gräbern, helfen sollte. Schließlich wurde – ohne sowjetische Hilfe – eine Liste zusammengestellt, welche die Namen von mehr als einer Million Soldaten enhält, die als vermißt registriert werden mußten und die zuletzt im Osten eingesetzt waren. Dies stellt – zusammen mit den Tausenden und Abertausenden von Heimkehrer-Berichten – einen Beweis dar, der sich jedem Zweifel entzieht[5].

[5] Als Folge der Auflösung der Sowjetunion dürfte es wahrscheinlich sein, daß zu dieser Frage in absehbarer Zukunft neue Quellen und Informationen zugänglich werden.

Dokumentenanhang

Dokument 1

Memorandum des britischen Kriegsministeriums über „Policy of Post-War Employment of German Prisoners of War", Juni 1944

Aus der Sorge, nach Kriegsende sei vermutlich mit einem ernsten Mangel an Arbeitskräften zu rechnen, begannen britische Beamte mit der Suche nach Wegen, deutsche Kriegsgefangene länger festzuhalten, als es die Genfer Konvention erlaubte. Eine Möglichkeit schien darin zu bestehen, die Gefangenen als Arbeitskräfte unter dem Befehl ihrer eigenen Offiziere zu behalten.

[...] This solution provides a fixed administrative code and does not confer Convention rights. [...] It might be necessary technically to declare them released from PW status. [...]

Quelle: Public Record Office (PRO), WO 32/11132.

Dokument 2

Memorandum des Committee on Post-War Programs, Interdivisional Committee on Germany, über "The Treatment of Germany", 5. August 1944

Aus allen amerikanischen Dokumenten über die Behandlung Deutschlands in der Zeit unmittelbar nach der Niederlage, die das Problem der Kriegsgefangenen erwähnen, geht klar hervor, daß eine möglichst baldige Entlassung angestrebt wurde.

[...] a. Demobilization of German armed forces. – Immediately upon the acceptance of Germany's surrender, the allies will be confronted with the problem of dealing with several million German soldiers. The alternative solutions will be (1) demobilization and disbandment carried out as expeditiously as considerations of internal order [...] will allow, (2) a retention of the troops in their formations under some form of direct control.
[...] It is recommended that this Government favor in principle the first alternative. [...]

Quelle: Foreign Relations of the United States, The Conference at Quebec 1944, Washington 1972, S. 67 f.

Dokument 3

Telegramm des britischen Botschafters in den USA an das Foreign Office vom 9. September und die Antwort vom 10. September 1944

Lord Halifax informiert seine Regierung über die Auffassung des amerikanischen Kriegsministeriums, den deutschen Kriegsgefangenen solle mitgeteilt werden, daß ihre Behandlung auch nach der deutschen Niederlage von der Genfer Konvention bestimmt werde. Die britische Antwort bringt Vorbehalte zum Ausdruck.

At meeting held at War Department on September 8th [U. S.] General Bryan raised the question of what immediate action it would be expedient to take in German prison camps on day when German surrender is announced. [...] He thinks he will probably take the following action but would greatly appreciate any suggestions from you: Inform prisoners that terms of Geneva Convention will continue to apply to them. This would be intended to reassure those prisoners who might feel that with collapse of the Reich all contact with home country was lost. [...] May I have your observations and suggestions for communication to General Bryan? It would also be helpful to have any indication of policy likely to be allowed in regard to continued detention of German prisoners after end of hostilities.

Antwort:
[...] In view of the fact that in discussion of the draft instrument of surrender for Germany the question has been raised of the use of German prisoners of war in connexion with the war against Japan, we consider that it would be impossible to make any statement that the terms of the Geneva Convention would continue to apply to German prisoners. From the legal point of view there would appear to be disadvantages about making any such statement and if it were nevertheless decided that some such statement should be made the words used would have to be most carefully chosen.

[...] We are doubtful about the wisdom of any statement committing us to a definite date for the repatriation of German prisoners of war.

Quelle: PRO, WO 32/11121.

Dokument 4

Reaktion der französischen Presse auf die amerikanische Behandlung der deutschen Kriegsgefangenen im Herbst 1944

Bereits im Oktober 1944 wurde im befreiten Frankreich darüber geklagt, daß die Vereinigten Staaten ihre deutschen Gefangenen mit mehr und besseren Lebensmitteln versorgten, als die französische Bevölkerung erhielt. In einem Teil bezieht sich die amerikanische Antwort auf die Verpflichtung der USA unter der Genfer Konvention. Die Antwort kam vor dem Beschluß, Millionen deutsche Soldaten nach ihrer Waffenstreckung nicht als Kriegsgefangene, sondern als „Disarmed Enemy Forces“ (Entwaffnete Feindstreitkräfte) einzustufen.

"The German prisoners are getting cigarettes.“
"The German prisoners are getting more food than French civilians.“

"The French prisoners in Germany are starving.... ."

"... And the Americans are pampering their German captives!"

Such were the feelings of many a Frenchman when the rumors began in October 1944, and this bitterness was being reflected in the adverse publicity from the French press and radio.

U. S. authorities, mindful of the possible serious consequences to which such severe criticism could lead and fearful of endangering the general French attitude toward the U. S. Forces, made a prompt decision. An accurate statement of the facts, they felt, would be the most expeditious way of stopping or, at least, curtailing these unfounded stories.

Through the Coordinator, Allied Information Services, arrangements were made with the French Ministry of Information for a press conference where representatives of the French press and radio could meet Major General Milton A. Reckord, Theater Provost Marshal, and obtain an official statement on U. S. treatment of prisoners of war.

Opening the conference on 21 November, Monsieur Crouzet, Chief of Staff, French Ministry of Information, who was presiding, told the assembled French press and radio representatives:

"Our duty is to stop these rumors at their source and to broadcast the fact that German prisoners of War in France receive no privileges whatsoever. They only get exactly what they are entitled to, nothing less, nothing more. I consider, that it is in the interest of France and in the interest of the Allies to inform the French public on the above points. In this, as in other similar matters, the most simple mind can understand the importance of not playing the German game."

In his prepared official statement [...] General Reckord explained U. S. policy:

"The Geneva Convention ... governs the treatment of Prisoners of War and expressly provides that 'the food ration of prisoners of war shall be equal in quantity and quality to that of troops at base camps.'"

U. S. obligations under the Convention, the statement went on, "have been and are being scrupulously discharged," to assure that "allied prisoners in enemy hands will be accorded civilized treatment."

Maintenance of those standards has been an important factor in inducing countless Germans to surrender, General Reckord pointed out. "To deny the validity of the Geneva Convention would thus ... destroy a vital weapon (which can) preserve the lives of American, French, and other Allied soldiers."

"Reports that German prisoners are being coddled or have been issued luxury items of food are utterly without foundation. Nothing beyond the literal obligations of the Geneva Convention has been or will be conceded by the United States Army. Let every person who hears or transmits these baseless rumors realize, therefore, that they have their own origin with enemy agents and fifth columnists, and are skillfully designed to cause friction among the Allies and thus to prolong the war."

In response to newsmen's questions, General Reckord further clarified:

That there were no cigarettes in German prisoners camps, that none were available at that time, and in this respect the "prisoners are not even getting the service to which theiy are entitled under the Geneva Convention;"

That in connection with a popular rumor concerning the distribution of oranges, "definitely not an orange has been distributed in any prisoner camp of the American section;"

That 50 percent of the German PWs are working eight hours a day on labor, six days a week;

That 20 to 25 percent are being transported to America;

That availability of PW labor for use in reconstruction of French cities is being studied by SHAEF and the French Government.

Typical of the reception these remarks received from French newsmen, the newspaper Le Figaro, matter-of-factly listing the facts essentially as given, added:

"... And so we add no commentary to this official clarification." [...]

Quelle: BA-MA, B 205/v. 1256: History, Prisoner of War Division, Pt. 8, Reaction of French Press.

Dokument 5

Übergabe deutscher Kriegsgefangener in französischen Gewahrsam, 13. März 1945

Die Vereinigten Staaten und Großbritannien waren 1944 übereingekommen, die deutschen Kriegsgefangenen im Verhältnis 50 zu 50 aufzuteilen, und Anfang 1945 wurde Frankreich mit einer entsprechenden Beteiligung in das Abkommen aufgenommen, um deutsche Kriegsgefangene als Arbeitskräfte erhalten zu können. Ein Brief von SHAEF legte am 14. Februar 1945 die Bedingungen des bevorstehenden Transfers fest.

1. Letter, Supreme Headquarters, Allied Expeditionary Force, file AG 383.6-12 GAP-AGM, subject as above, dated 14 February 1945, states:

"1. General. 21 Army Group and Communications Zone, European Theater of Operations, U. S. Army, are authorized to transfer enemy prisoners of War to the custody and ownership of French Government.

"2. Basic Agreement. The French Provisional Government has accepted the following conditions:

a. That in the treatment of prisoners of war transferred to its custody, the French Government will observe in all respects the provisions of the Geneva Conventions relative to the treatment of prisoners of war.

b. That the French Government will extend to representatives of the International Red Cross the rights of visitation, access and interview identical with those provided for representatives of the protecting power in Article 86 of the Geneva Convention.

c. That the prisoners transferred will be guarded only by properly trained and disciplined members of the Armed Forces of the French Government. [...]

f. That the French government shall, in accordance with the terms of the Geneva Convention and at the earliest possible date, render the necessary notificiations of the prisoners of war transferred to its custody. [...]

[...] "6. Processing. Prior to transfer, the documentation/processing will be accomplished by British/U. S. authorities to such extent as will enable later identification of each prisoner to be made, if required. However, it is desired that maximum possible number of prisoners transferred be drawn from those not yet reported to the protecting power at the time of transfer. [...]

[...] "12. Assumption of full maintenance responsibility by French authorities. At the earliest possible moment, it is desirable that the French authorities assume full maintenance responsibility for all prisoners of war tranferred to them, thereby relieving the Allied

Expeditionary Force of the additional burden upon its supply resources. This has been requested of the French authorities, and they are taking steps looking on the progressive accomplishment of this purpose. [...]

2. As indicated in letter quoted above, a number of prisoners of war will be transferred to French custody in the near future, as requested by the French Government. [...]

Quelle: Ebenda, Pt. 1, Transfer, Reception & Evacuation.

Dokument 6

"Disarmament and Disbandment of the German Armed Forces", 1945–1946

Als 1944 die Pläne für die Entwaffung und Auflösung der deutschen Streitkräfte entwickelt wurden, nahmen die amerikanischen Planer an, daß mit einer überwältigenden Anzahl kapitulierender deutscher Soldaten zu rechnen sei. "ECLIPSE" – so lautete der Deckname für die Operation, die sich mit solchen Problemen befassen sollte – gedachte die Aufgabe dadurch zu bewältigen, daß man jene Deutschen, die nach der Einstellung der Feindseligkeiten die Waffen streckten, als "Disarmed Enemy Forces" klassifizierte. So wurde die Bezeichnung DEF (im Gegensatz zu POW) kreiert und zugleich die Kontroverse über die Versagung der in der Genfer Konvention festgelegten Rechte aufgelöst.

[...] Formulation of Plans.

a. Plans for the disbandmant of enemy military personnel were made at the same time as the plans for disarmament of this personnel, in late 1944. Revised in April 1945, these plans and separate instructions prepared on the same subject at a later date were distributed through the same channels as were the disarmament plans.

b. It was expected in early 1945 that German armed forces in large numbers would soon begin to surrender. Although the intention was to make the Germans feed and maintain all Allied prisoners of war and displaced persons, Supreme Headquarters anticipated that the chaos accompanying the defeat of Germany would force the allies to provide large quantities of food for these non-Germans pending their repatriation. Thus, it was clear that the Allied forces would have supply responsibilities that would strain existing resources, and it was imperative that additional responsibilities be avoided if possible. To have declared the captured Germans to be prisoners of war would have required feeding them on a scale equal to that of base troops. This was patently beyond the ability of the Allies, even if all Germany were tapped. Moreover, it would have been undesirable to furnish the enemy with rations far in excess of those available to the civil population. Consequently, in March the War Department was requested to approve treating as disarmed enemy forces all members of the German armed forces captured after the declaration of ECLIPSE conditions or the cessation of hostilities and all prisoners of war not evacuated from Germany immediately after conclusion of hostilities.

The War Department approved the request in April and specified that the captured troops should be required to feed and maintain themselves, except that war criminals, wanted individuals, and security suspects would be imprisoned, fed, and controlled by Allied forces. It was decided, in addition, that there would be no public declaration made on the status of German armed forces or of disarmed troops. As had been expected, great masses of German troops surrendered as German collapse drew near, and on 4 May army group commanders were authorized to consider them as disarmed enemy forces. The surrendered troops were disarmed, kept organically intact, and moved into concentration areas as had been contemplated in the ECLIPSE Plan. [...]

Statistical Analysis.

Of the 4 005 732 German prisoners of War in custody of the Allied Expeditionary Force, European Theater, on V-E Day, 516 148 were captured by the 21st Army Group, 2 608 621 by the 12th Army Group, 876 446 by the 6th Army Group, and the remainder, or 4 517, had surrendered in the Communications Zone. The number of the enemy forces captured in the Communications Zone and by the 21st Army Group remained the same. By 18 May, the date of the last report listing the 6th Army Group, the 12th Army Group had increased its holdings to 3 087 725 and the 6th Army Group to 912 376. Although the Supreme Commander had directed on 4 May that the large number of German troops surrendering then and the prisoners of war not yet evacuated from Germany at the conclusion of hostilities be called disarmed forces instead of prisoners of war, the first report distinguishing the two was made on 26 May. This report was incomplete. While it is known that control of some of the captured enemy forces was transferred between the Americans and the British, it is impossible to state the exact number captured by each of the two powers. Records indicate, however, that of the 6 155 468 prisoners taken, 2 057 138 were prisoners of war and 4 098 330 were disarmed enemy forces.

Quelle: United States, Occupation Forces in Europe Series, 1945–1946. Office of the Chief Historian, European Command, Frankfurt a. M., Germany, 1947, S. 18 ff., 39.

Dokument 7

Die Rheinwiesenlager am 8. Mai 1945

Wie schon erwähnt (Dok. 6), waren amerikanische Befehlshaber ermächtigt, deutsche Kriegsgefangene als „disarmed enemy forces“ zu klassifizieren und sie unter Bewachung in sogenannten „concentration areas“ festzusetzen. Am Rheinufer gelegen, hatten diese Lager unter allen amerikanisch kontrollierten Einrichtungen für Kriegsgefangene die höchste Todesrate zu verzeichnen.

Plans called for Advance Section to establish transient enclosures; as of 8 May 1945 thirteen of these enclosures were operating and two were under construction. Below is a list of these enclosures:

Enclosure	Location	Capacity	PW's on Hand
PWTE A-1	Rheinberg (A-2028)	100 000	90 248
PWTE A-2	Remagen (F-6619)	100 000	134 029
PWTE A-3	Bad Kreuznach (M-1058)	45 000	56 309
PWTE A-4	Büderich (A-1836)	75 000	76 924
PWTE A-5	Sinzig (F-6716)	100 000	118 563
PWTE A-6	Winzenheim (M-1046)	100 000	102 597
PWTE A-7	Biebelsheim (M-1641)	100 000	40 029
PWTE A-8	Dietersheim (M-1384)	100 000	1 977
PWTE A-9	Wickrathberg (F-0881)	100 000	16 008
PWTE A-10	Koblenz (L-8898)	Under construction.	
PWTE A-11	Andernach (F-7804)	45 000	39 570
PWTE A-12	Heidesheim (M-2655)	45 000	65 458
PWTE A-13	Urmitz (F-8401)	75 000	Under construction.

[...].

Quelle: BA-MA, B 205/v. 1256: History, Prisoner of War Division, Pt. 2, PW Installations. (Siehe auch Dokument 34)

Dokument 8

United States Army, European Theater of Operations, Täglicher Kriegsgefangenenbericht, 8. Mai 1945

Der folgende Bericht illustriert trefflich die groben Ungenauigkeiten und die Verwirrung, die beim statistischen Umgang der amerikanischen Armee mit den deutschen Kriegsgefangenen auftraten. Verglichen mit Dok. 6 meldeten die 12. Armeegruppe und die 6. Armeegruppe am gleichen Tag mehr als 550 000 Gefangene weniger. Der Tagesbericht vom 8. Mai 1945 meldet, daß die britische 21. Armeegruppe 435 877 deutsche Gefangene gemacht habe, während ihr ein späterer Bericht (Dok. 4), 516 148 Gefangene zuschrieb.

Daily PW Report for 8 May 1945

		Total on Previous Report	Since Last Report	Accumulated Totals to Date
1. a. Cptd by US 12 AG	(as of 3 May)	2 021 689	384 928	2 406 617
b. US Cpts 6 AG	(as of 3 May)	445 251	79 396	524 647
(1) ETOUSA responsibility to 1 Nov '44				39 328
(2) ETOUSA resp. 6 409 in French custody				478 910
c. Total ETOUSA responsibility US cpts				2 885 527
d. Evac to ZI by US	(as of 7 May)	156 065	999	157 064
e. Net trfs to British	(as of 4 May)	100 253		100 253
f. Trfd to French	(as of 5 May)	20 168		20.168
g. Trfd to Other Allies	(as of 4 May)	14 564		14 564
h. Trfd to Civil Auth	(as of 4 May)	12 823		12 823
i. Repatriations fr ETO	(as of 4 May)	1 920		1 920
j. Deaths	(as of 5 May)	2 183	127	2 310
k. In US Custody, ETO		2 113 227		2 567 425
Cptd. by Br 21 AG	(as of 3 May)	413 556	22 321	435 877

Quelle: BA-MA, B 205/v. 1399: Report of Operations, 8 May 1945 – 30 September 1945, Office of Theater Provost Marshal.

Dokument 9

United States Army, European Theater of Operations, drei Wochenberichte über den Stand des Kriegsgefangenenproblems: 7. Juli, 4. August, 25. September 1945

Die folgenden drei Berichte, ausgewählt aus den von Juni bis September 1945 entstandenen Wochenberichten, liefern eine Reihe von Angaben zum Stand des Kriegsgefangenenproblems in Fortsetzung des ersten Tagesberichts vom 8. Mai 1945 (Dok. 8). Es verdient Beachtung, daß die Zahl der Todesfälle von den am 8. Mai genannten 2310 bis auf die 11 241 steigt, die am 25. September berichtet werden.

Weekly Report as of 7 July 1945

	Total on Previous Report	Since Last Report	Accumulated Totals From 2 June 1945
1. Rec'd from Armies	6 910		6 910
2. Rec'd from ZI	72	10	82
3. Trfd to Fr. Ownership	80 270	93 395	173 665
4. Trfd to Other Allies	26 405	395	26 800
5. Trfd to Civil Auth.	7 189		7 189
6. Deaths	3 466	513	3 979
7. Trfd to Armies	12 627	322 621	335 248
8. Trfd to Br. Ownership	178 011	– 5	178 006
9. Discharges (Net)			
a. Miners	12 395	320*	12 715
b. Agricultural	85 184	161*	85 345
c. Transportation	71 775	375*	72 150
d. Women	2 327		2 327
e. 50 yrs or over	2 169		2 169
f. Medical	1 750		1 750
g. Civilian Police	1 157		1 157
h. Other Breakdown by occupational category not available			154 135
			Total Discharges 331 748

[...].

[...] Weekly Report as of 4 August 1945

	Total on Previous Report	Since Last Report	Accumulated Totals From 2 June 1945
1. Rec'd from Armies	38 076	5 801	43 877
2. Rec'd from ZI	215		215
3. Trfd to Fr. Ownership	236 157	1 001	237 158
4. Trfd to Other Allies	29 105	2 380	31 485
5. Trfd to Civil Auth.	7 447		7 447
6. Deaths	5 056	856	5 912
7. Trfd to Armies	336 719		336 719
8. Trfd to Br. Ownership	182 118	(–4 008)(±574)	178 684
9. Discharges (Net)			
a. Miners	12 715		12 715
b. Agricultural	85 345		85 345
c. Transportation	72 150		72 150
d. Women	2 327		2 327
e. 50 yrs. or over	2 169		2 169
f. Medical	1 750		1 750
g. Civilian Police	1 157		1 157
h.	180 499	14 384	194 883
i.			

Total Discharges 372 496

[...].

[...] Weekly PW Status Report as of 25 September 1945

	Total on Previous Report	Since Last Report	Accumulated Totals
1. Rec'd from ZI	3 387	9 267	12 654
2. Trfd to French Ownership	327 138	3 425	330 563
3. Trfd to British Ownership	260 360	722	261 082
4. Trfd to Belgium Ownership	27 926	2 196	30 122
5. Trfd to Luxemburg Ownership	1 600	–	1 600
6. Trfd to Other Allies (Spec. Nationals)	73 031	3 387	76 418
7. Trfd to Civil Authorities	22 321	1 094	23 415
8. Trfd to Occupational Forces			
a. US Zones	54 601	3 499	58 100
b. British Zones	54 574	7 880	62 454
c. Russian Zones			
d. French Zones			
9. Discharges (by TSFET)	331 748	–	331 748
10. Deaths	11 120	121	11 241

[...].

Quelle: Ebenda.

Dokument 10

Monatsberichte des amerikanischen Militärgouverneurs in Deutschland, Juli–Dezember 1945

Die folgenden Auszüge aus den Monatsberichten des amerikanischen Militärgouverneurs enthalten statistische Angaben über den noch vorhandenen Bestand an deutschen Kriegsgefangenen in amerikanischem Gewahrsam, über Entlassungen usw. Beginnend mit dem Julibericht, werden die Todesfälle in den Gefangenenlagern nicht mehr getrennt aufgeführt, sondern in der Spalte „Sonstige Abgänge" („Other Losses"). Es ist zu sehen, daß die Zahlen in dieser Kategorie unentwegt steigen, bis im Dezember die Zahl 1 779 776 erreicht ist. Was der Begriff nach der Definition der amerikanischen Armee alles umfaßte, geht aus der in Dok. 11 gelieferten Erklärung hervor.

[...] Status of PW and DEF in U. S. Custody as of 31 July 1945

Location	Discharged	Transferred	Other Losses	On Hand
Total*	2 046 575	922 566	818 159	1 803 696
U.S. Zone	1 688 463	713 482	481 008	583 075
Theater Service Forces	358 112	209 084	337 151	849 621
Zone of Interior	0	0	0	371 000

[...].

[...] Status of Prisoners of War and Disarmed Enemy Forces in U. S. Custody [August 1945]

[Location]	Discharged	Transferred	Other Losses	On Hand
Total	2 240 839	1 360 399	689 109	1 604 020
U.S. Zone (25 Aug 45)	1 866 800	743 139	642 483	357 606
Bremen Enclave (1 Sep 45)	1 543	82 906	0	1 846
Italy (23 Aug 45)	0			157 000
Theater Service Forces (16 Aug 45)	372 496	543 364	46 626	716 568
Zone of Interior (1 Jul 45)	0	0	0	371 000

[...] [...].

[...] Status of Prisoners of War and Disarmed Enemy Forces in U. S. Custody (by Districts)[September 1945]

[Location]	Discharged	Transferred	Other Losses	On Hand
Total	2 282 448	1 674 968	781 789	1 528 024
Bremen Enclave	3 019	142 632	0	1 694
Italy (23 Aug 45)	0			157 000
Theater Service Forces	331 748	787 037	77 231	642 853
Zone of Interior (1 Jul 45)	0	0	0	371 000
U.S. Zone	1 947 681	745 299	704 558	355 477
Eastern District	1 546 198	24 411	413 568	251 528
Western District	271 029	52 381	235 380	103 949
9th and 15th Armies	130 454	668 507	55 610	0

[...].

[...] Status of Prisoners of War and Disarmed Enemy Forces in U. S. Custody
(As of 6 October unless otherwise indicated)

[Location]	Discharged	Transferred	Other Losses	On Hand
Total	2 321 248	1 738 492	797 932	1 474 074
Bremen Enclave	3 206	159 192	0	3 243
Italy (23 Aug 45)	0			157 000
Theater Service Forces	331 748	826 552	81 037	609 948
Zone of Interior	0	0	0	355 351
U.S. Zone	1 986 294	752 748	716 895	348 532
Eastern District	1 572 847	27 132	420 315	243 113
Western District	282 993	57 109	240 970	105 419
9th and 15th Armies	130 454	668 507	55 610	0

[...].

[...] Status of Prisoners of War and Disarmed Enemy Forces in U. S. Custody
(As of 3 November unless otherwise indicated)

Location	Discharged	Transferred	Other Losses	On Hand
Total	2 364 187	1 789 693	836 157	1 423 807
Bremen Enclave	3 206	174 503	0	2 657
Italy (20 Nov 45)	0		0	80 000
Theater Service Forces	331 748	861 526	102 340	537 209
Zone of Interior (2 Nov 45)	0	0	0	336 000
U.S. Zone	2 029 233	753 664	733 817	467 941
Eastern District	1 618 067	28 477	433 237	332 805
Western District	280 712	56 680	244 970	135 136
9th and 15th Armies	130 454	668 507	55 610	0

[...].

[...] Status of Prisoners of War and Disarmed Enemy Forces in U. S. Custody
(As of 15 December unless otherwise indicated)

Location	Discharged	Transferred	Other Losses	On Hand
Total	2 431 770	1 847 258	1 779 776	1 398 875
Bremen Enclave	3 455	182 484	0	0
Italy (22 Dec.)	0		0	83 426
Theater Service Forces	331 748	896 937	510 142	547 740
Austria				28 400
Zone of Interior (22 Dec.)	0	0	0	314 571
U.S. Zone	2 096 567	767 837	1 269 634	424 738
Eastern District	1 662 390	31 559	518 710	298 733
Western District	303 723	67 771	557 059	126 005
9th and 15th Armies	130 454	668 507	193 865	0

[...].

Quelle: Monthly Reports of the Military Governor, Military Government of Germany, U. S. Zone, Nr. 1–6, 20. August 1945 – 20. Januar 1946.

Dokument 11

Monatsbericht des amerikanischen Militärgouverneurs in Deutschland, März 1946

Dieser Bericht enthält eine Tabelle, die das Demobilisierungsmuster für die in amerikanischer Hand befindlichen deutschen Kriegsgefangenen seit Mai 1945 zeigt. Die hier gegebene wichtige Erklärung des Begriffs „Sonstige Abgänge" lautet:

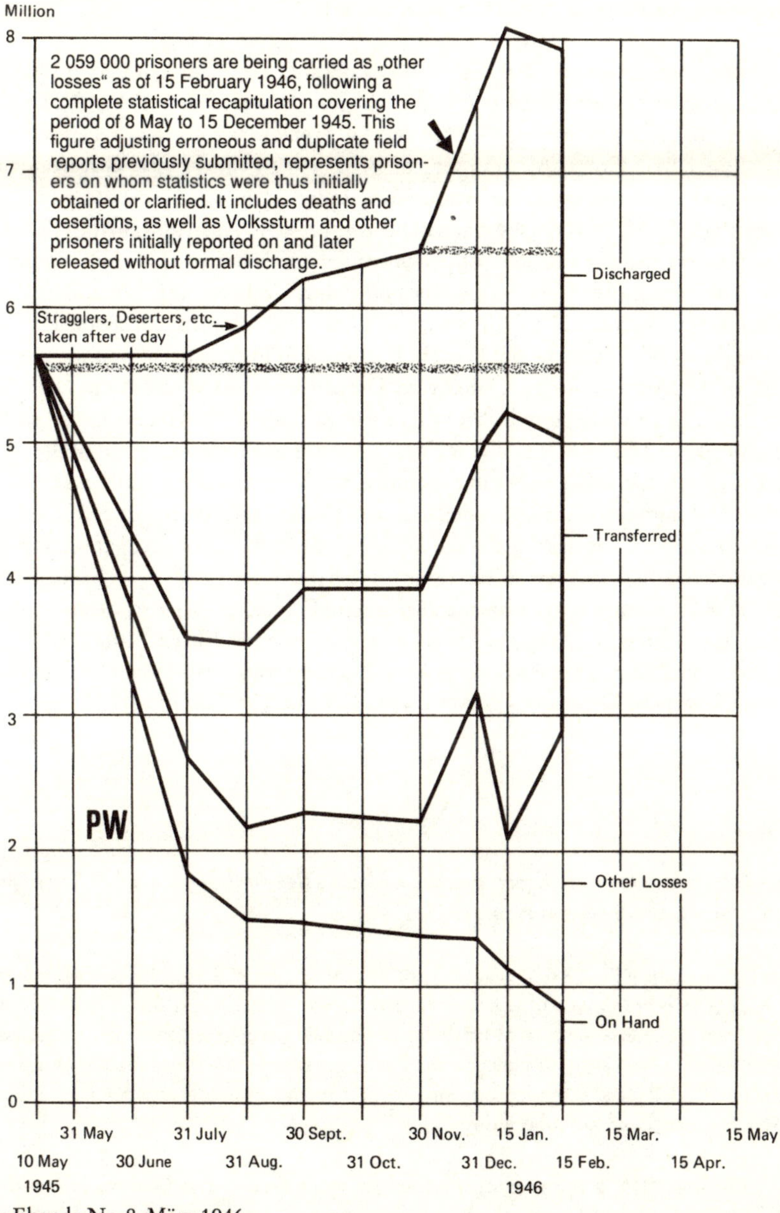

Quelle: Ebenda Nr. 8, März 1946.

Dokument 12

Amerikanische Probleme bei der Übergabe deutscher Kriegsgefangener an die Franzosen, 1945–1946

Nachdem die Vereinigten Staaten im März 1945 mit der Übergabe deutscher Kriegsgefangener an Frankreich begonnen hatten, gemäß der in Dok. 5 erwähnten Vereinbarung, tauchte einige Monate später das Problem inkorrekter Behandlung auf.

[...] The French Government repeatedly requested German prisoners of war so that rehabilitation of devastated areas could be begun. In September 1945, the first report indicating malnutrition of prisoners of war in French custody was received from the International Red Cross. All transfers of prisoners to the French Government were stopped and repatriation of undernourished individuals was immediately begun. By January 1946, 73 000 prisoners of war had been returned to American custody. The French initiated action to have transfers of prisoners resumed, stating that they would adhere strictly to the terms of the Geneva Convention in the care given the prisoners, and that they would also buy $ 2 500 000 worth of surplus U. S. Army clothing for them. The clothing was bought and delivered to the French. Resumption in transfer of prisoners to France started in February 1946 after the War Department had directed that the Theater Commander first satisfy himself that France would abide by the Geneva Convention. The International Red Cross was to check closely and report on the treatment of the prisoners and, if malnutrition was evident in the future, the Theater Commander was to suspend transfers and initiate positive remedial action. The next and last report received from the International Red Cross during the remainder of the first year of occupation was in April and again concerned the French. The report stated that forty camps, which housed 160 000 of the 700 000 prisoners who had been transferred to France, had been inspected as of 1 March and that approximately 120 000 prisoners were receiving insufficient rations. [...]

Quelle: United States, Occupation Forces in Europe Series, 1945–1946. Office of the Chief Historian, European Command, Frankfurt a. M., Germany, 1947, S. 33f.

Dokument 13

Das Internationale Rote Kreuz und die schlechte Behandlung deutscher Kriegsgefangener in französischem Gewahrsam, 1945–1946

Das Internationale Rote Kreuz reagierte prompt auf Klagen, daß deutsche Kriegsgefangene, die von den USA an Frankreich übergeben worden waren, nicht korrekt behandelt würden. Zwar kooperierten die amerikanischen Militärbehörden und Regierungsvertreter mit dem Roten Kreuz und stellten die Übergaben für eine gewisse Zeit sogar ein, doch wurden die Berichte des Roten Kreuzes inoffiziell meist skeptisch aufgenommen. In manchen amerikanischen Kreisen hielt man die Berichte manchmal für „überhuman“.

[...] During 1945, a number of complaints were received at Geneva concerning the conditions of health of German prisoners in France, who were inadequately clothed and fed and, at the same time, compelled to do very heavy work. This situation, mainly due to the severe lack of supplies from which the French themselves were suffering, was investigated by the Committee's delegates. When the United States authorities were informed, they decided in October 1945 to suspend transfers of PW to the French authorities. These transfers were resumed in February 1946, but only after exhaustive negotiations between the two Governments, and were then continued until June 30, 1946. The number of men transferred, some 450 000, is much below the figure which had been estimated. [...]

Quelle: Report of the International Committee of the Red Cross on its Activities during the Second World War (September 1, 1939 – June 30, 1947, 3 Bde.,) Genf 1948, Bd. 1, S. 544f.

Dokument 14

Satzung des Büros für Kriegsgefangenenfragen beim Länderrat (Entwurf), 13. Dezember 1946

Der wichtigste Schritt zur Aufklärung des Schicksals deutscher Kriegsgefangener wurde unternommen, als der 1945 gebildete „Länderrat des amerikanischen Besatzungsgebietes" beharrlich Informationen von den USA und den anderen alliierten Staaten forderte. Am Ende genehmigten die Amerikaner einen unter den Auspizien des Länderrats arbeitenden Ausschuß, der sich auf die Kriegsgefangenenfragen konzentrieren sollte. Der Ausschuß hielt seine erste Sitzung im April 1947 ab.

§ 1

Zur Behandlung aller Fragen, die sich aus der Kriegsgefangenschaft deutscher Staatsangehöriger und Volksdeutscher ergeben, wird beim Länderrat des amerikanischen Besatzungsgebietes eine Zoneneinrichtung geschaffen, die von den Regierungen der drei Länder sowie von den mit Kriegsgefangenenfragen befaßten nichtstaatlichen Organisationen und sonstigen Stellen getragen wird. Sie führt den Namen

Büro für Kriegsgefangenenfragen beim Länderrat

(im folgenden „Büro" genannt).

§ 2

(1) Das Büro hat die Aufgabe, die Arbeit für Kriegsgefangene, die von nichtstaatlichen Organisationen und sonstigen Stellen sowie von den Ländern geleistet wir, soweit erforderlich, zusammenzufassen.

(2) Die Tätigkeit des Büros erstreckt sich insbesondere darauf,

a) auf eine baldige Entlassung der Kriegsgefangenen hinzuwirken,

b) sich im Rahmen der gegebenen Möglichkeiten für das Wohl der Kriegsgefangenen in jeder Weise einzusetzen,

c) die Verbindung zwischen den Kriegsgefangenen und ihren Angehörigen zu fördern.

(3) Vordringliche Aufgabe des Büros ist es nazistischem und militaristischem Geist unter den Kriegsgefangenen entgegen zu wirken, die Kriegsgefangenen mit den neuen Verhältnissen in der Heimat vertraut zu machen und sie auf ihre Staatsbürgerrechte und -pflichten im demokratischen Staate vorzubereiten.

(4) Das Büro erhält von den staatlichen Stellen die erforderlichen Auskünfte und jede sonstige Unterstützung.

§ 3

Das Büro hat seinen Sitz beim Länderrat in Stuttgart. Es erhält im Rahmen der Berliner Vertretung des Wirtschaftsrates des Länderrats einen eigenen Vertreter, der nach Weisungen des Leiters des Büros zu arbeiten hat und der Dienstaufsicht der Berliner Vertretung des Wirtschaftsrates untersteht.

§ 4

(1) Das Büro erhält die Richtlinien für seine Arbeit vom Verwaltungsrat, der gleichzeitig im Auftrag des Länderrats die Aufsicht über das Büro führt.

(2) Der Verwaltungsrat setzt sich zusammen aus:
- a) je einem Vertreter der drei Länder der U. S.-Zone
- b) je einem Vertreter der drei Landesarbeitsgemeinschaften für Kriegsgefangenenfragen (§ 7),
- c) dem Generalsekretär des Länderrats,
- d) einem Vertreter Bremens.

(3) Für jedes Mitglied wird ein Stellvertreter bestellt, der das Mitglied im Falle der Verhinderung vertritt.

(4) Vertreter und Stellvertreter der Länder werden vom Ministerpräsidenten des betr. Landes bzw. vom Ersten Bürgermeister der Stadt Bremen bestellt; Vertreter und Stellvertreter der Landesarbeitsgemeinschaften werden von der betr. Landesarbeitsgemeinschaft gewählt und vom Ministerpräsidenten des betr. Landes bzw. dem Ersten Bürgermeister der Stadt Bremen bestellt. Der Generalsekretär des Länderrats bestimmt seinen Stellvertreter.

(5) Der Verwaltungsrat faßt seine Beschlüsse mit Stimmenmehrheit. Jedes Mitglied zu a) und b) hat eine Stimme. Die Mitglieder zu c) und d) nehmen ohne Stimmrecht an den Beratungen des Verwaltungsrates teil, haben jedoch das Recht, Anträge zu stellen. Beschlüsse haben nur Gültigkeit, wenn ihnen die Vertreter der drei Länder der U. S.-Zone zustimmen.

(6) Der Verwaltungsrat hat
- a) Richtlinien für die Arbeit des Büros festzulegen, die der Zustimmung des Länderrats bedürfen,
- b) die Durchführung der Richtlinien durch den Leiter des Büros zu überwachen,
- c) die Finanzgebarung des Büros zu überprüfen,
- d) dem Länderrat zu b) und c) regelmäßig Bericht zu erstatten.

(7) Der Verwaltungsrat gibt sich eine Geschäftsordnung, die der Genehmigung des Länderrats bedarf.

§ 5

(1) Der Verwaltungsrat wird beraten durch einen Beirat.

(2) Der Beirat setzt sich aus 23 Mitgliedern zusammen. Je 5 Mitglieder werden von den Landesarbeitsgemeinschaften der drei Länder, zwei von der entsprechenden Einrichtung in Bremen gewählt; 5 Mitglieder werden vom parlamentarischen Beirat des Länderrats aus den politischen Parteien benannt; einen Vertreter benennt die Dienststelle Fritsch.

(3) Der Beirat tritt mit dem Verwaltungsrat regelmäßig zu gemeinsamen Sitzungen zusammen. Auf Antrag von mindestens 7 Mitgliedern des Beirates hat der Verwaltungsrat eine gemeinsame Sitzung einzuberufen; das Nähere bestimmt die Geschäftsordnung des Verwaltungsrats.

§ 6

(1) An der Spitze des Büros steht ein „Leiter des Büros für Kriegsgefangenenfragen beim Länderrat". Der Leiter des Büros, sowie der Berliner Vertreter des Büros werden vom Länderrat auf Vorschlag des Verwaltungsrates ernannt.

(2) Der Leiter des Büros hat die Aufgabe, die erforderlichen Maßnahmen für die Durchführung der Richtlinien des Verwaltungsrates zu treffen. Er hat das Recht und die Pflicht, im Rahmen der Richtlinien weitgehend eigene Initiativen zu entfalten und Anregungen zu weiteren Richtlinien an den Verwaltungsrat zu geben. Er nimmt an den Sitzungen des Verwaltungsrates und des Beirates ohne Stimmrecht, jedoch mit Antragsrecht teil.

(3) Das Sekretariat des Länderrats stellt dem Leiter des Büros das zur Durchführung seiner Aufgaben erforderliche Personal und den Sachbedarf zur Verfügung.

§ 7

(1) In jedem der drei Länder der U. S.-Zone wird eine Landesarbeitsgemeinschaft für Kriegsgefangenenfragen gebildet.

(2) Sie besteht aus:

a) den mit Kriegsgefangenenfragen befaßten Organisationen und sonstigen Stellen,

b) einem oder mehreren Regierungsvertretern.

(3) In der Landesarbeitsgemeinschaft sollen insbesondere das Rote Kreuz, die caritativen Verbände, die Kirchen, die Gewerkschaften, die Fachverbände der Unternehmer, die Jugendorganisationen sowie die politischen Parteien vertreten sein.

(4) Die Aufgaben der Landesarbeitsgemeinschaften werden von diesen in einer Geschäftsordnung niedergelegt; die Geschäftsordnung bedarf der Genehmigung des zuständigen Ministeriums.

(5) Es wird Bremen anheim gestellt, eine entsprechende Arbeitsgemeinschaft zu errichten.

§ 8

(1) Die Kosten des Büros trägt der Länderrat, die der Landesarbeitsgemeinschaften die beteiligten Organisationen und sonstigen Stellen.

(2) Der Leiter des Büros legt dem Verwaltungsrat einen Haushaltsplan des Büros vor, der der Zustimmung des Verwaltungsrates und der Genehmigung des Länderrats bedarf.

Quelle: BA, B 150/311.

Dokument 15

Kommentar der amerikanischen Militärregierung zur Bildung des Ausschusses für Kriegsgefangenenfragen, 17. April 1947

Um die Verbindung zwischen dem deutschen Länderrat und der amerikanischen Militärregierung zu erleichtern, wurde das Regional Government Coordinating Office geschaffen. Ein Beobachter des RGCO nahm an den Sitzungen des Ausschusses für Kriegsgefangenenfragen teil und berichtete über seine Eindrücke.

1. Attendance: The first meeting of a group of people engaged in work with German PWs was attended by government representatives of the state chancelleries of Bavaria, Wuerttemberg-Baden, and Hesse and the welfare department of Bremen. The two representatives of Bavaria and Hesse were women (Regierungsraete). Furthermore, the meeting was attended by members of the various land working groups (Landesarbeitsgemeinschaften) for PWs which exist in each land with the exception of Hesse.

2. Organization: At the beginning the Laenderrat representative read a letter of the Director of the RGCO laying down certain policies in this field. He stated that the Laenderrat had tentatively established a branch for PWs and, had drafted a frame of reference for its work. The group resolved that the work be guided by a Laenderrat committee consisting of the government representatives and their deputies. The latter should be chosen from the land working groups.

3. Registration of PWs: The group felt that a registration of PWs was the prerequisite for any work to be done. There was a long discussion how such registration could be carried out. In Bremen, it was revealed, registration has been accomplished by using all sources of information such as letters from PWs, news brought in by word of mouth, etc. Bremen also is said to have started with statistical evaluation of such information as to age and occupational groups, etc. of PWs. Discussion arose as to whether the other three Laender for the purposes of registrating PWs could also use means of publicity such als public posters, radio, and the press. It was not known what the attitude of Military Government would be but it was stated that in Hesse the Military Government officer had inquired at OMGUS. It was the general opinion of the group that public announcements were necessary to carry out a reliable registration in the cities, whereas in the rural areas one could work through other means. It was resolved that registration should be carried out through the statistical land offices after information had been received from OMGUS as to the use of public announcements. The representative of the tracing bureau in Munich said that his office was only incidentally interested in the registration of PWs but that he would be glad to cooperate in the procedure. It was further revealed that public registration with the approval of Military Government had been carried out in the French Zone. A preparatory working group will meet on 26 April in Munich.

4. Frame of Reference: The working group discussed the frame of reference of the future committee. In the draft of the Laenderrat all items were eliminated that the Germans wanted to get in touch with the governments of the holding powers. The frame of reference does provide, however, for liaison between the Laenderrat branch and the International Red Cross. It also provides for educational care of PWs in camps through the mailing of literature and films.

Quelle: BA, Nachlaß Pollock 83.

Dokument 16

Monatsbericht des amerikanischen Militärgouverneurs in Deutschland, April 1947

Bis April 1947 hatten die Vereinigten Staaten praktisch alle deutschen Kriegsgefangenen, die sich in ihrem Gewahrsam befunden hatten, entlassen. Es ist interessant, daß zu diesem Zeitpunkt der Begriff „Sonstige Abgänge" durch den Begriff „Anderweitig entlassen" ersetzt worden war und daß die darunter genannte Zahl mehr als zwei Millionen betrug. Die Erklärung, die der in Dok. 11 gegebenen gleicht, zeigt auch, daß in dieser Kategorie seit langem aufgelistete Zahlen aufgeführt wurden, die mit den Zahlen in anderen Berichten nicht zu vereinbaren waren und zu „Berichtigungen" nötigten.

[...] Demobilization
Statistics on Personnel of All Services

Status of U. S. held Prisoners of War and Disarmed Enemy Forces
(as of 15 April 1947)

Total Current Holdings:		17 575
Italy		6 471
Europe, Exclusive of Italy		11 104
Total Disposed of to Date:		7 976 111
Discharged into U. S.-Zone		3 428 566
Transferred to Other Zones	a)	2 449 937
Otherwise Released	b)	2 097 608

a) This figure does not include 175 000 prisoners of war originally held in the United States who were a British responsibility and who were shipped to Great Britain.

b) This figure represents an adjustment of conflicting field reports previously received. It includes deaths, desertions, Volkssturm, and camp followers initially reported but later released without formal discharge. [...]

Quelle: Monthly Report of the Military Governor, Military Government of Germany, U. S.-Zone, Nr. 22, 1.–30. April 1947.

Dokument 17

Bayerisches Rotes Kreuz, Allgemeine Übersicht für 1946

Eines der dringendsten Bedürfnisse im Nachkriegsdeutschland war die Schaffung eines Netzes von Suchdiensten, die mit der Aufgabe der Aufspürung von Millionen Vermißten, der Zivilbevölkerung wie der Wehrmacht, beginnen konnten. Die Aufgabe überstieg die Möglichkeiten einer einzigen Organisation, und da keine zentrale Instanz existierte, erwies sich die Arbeit als außerordentlich schwierig. Eine der Organisationen, die mit der Suche begannen, war das Bayerische Rote Kreuz.

[...] Search Service One of the outstanding and intricate problems of post-war Relief Work is the finding out of the whereabouts of so many individuals who were dispersed during the break up. The exact number of such individuals listed as lost is not known, but it may safely be conjectured that the several millions is near the mark, if all four Zones are taken into consideration.

The total disintegration of the former Reich meant the collapse of all central administration; therefore the idea of trying to establish a centrally administered Search Service was utopic. But prominent charitable institutions stepped in to fill the gap, they put theory into practice and established local Registration and Inquiry Centers. A plan of the B. R. C. dating back to June 1945 which has envisaged a Search-Card-Index was put into practice and has subsequently proved its efficiency. In Freiburg and Stuttgart several conferences were held jointly by the"Deutscher Caritas Verband" and the "Hilfswerk der Evangelischen Kirche". On October 22nd, 1945 it was decided by these organizations to take over the Search-Card-Index of Munich, together with the Red Cross ; a further agreement was reached with Zonal Headquarters in Hamburg by which it was made possible to treat the whole Western Zone as a unit.

The Zonal Headquarters of these Search Service are in Munich and a Card-Index of this office has totalled some 7 583 900 inquiries. [...]

Quelle: Bitter-Papiere.

Dokument 18

Ergebnisse der „Registrierung der Kriegsgefangenen und Vermißten" in Bremen, 2.–11. Januar 1947

Dem Ausschuß für Kriegsgefangenenfragen war sofort klar, daß ein Fundus statistischer Daten gebraucht wurde, die nur durch eine breit angelegte Befragungsaktion bei den ehemaligen Kriegsgefangenen zu beschaffen waren. Eine in Bremen bereits durchgeführte Aktion lieferte das Muster, dem dann die anderen Länder folgten. Die überwältigende Mehrzahl der Soldaten, über die nichts ermittelt werden konnte, war irgendwo an der Ostfront verschwunden.

1. Kriegsgefangene

Gesamtzahl der eingegangenen Meldungen 8 513

Gewahrsamsländer

Die Länder mit der größten Zahl der noch in Kriegsgefangenschaft befindlichen Bremer sind die UdSSR mit 40,4 v. H., Frankreich mit 25,8 v. H., England mit 17,0 v. H., Jugoslawien mit 6,0 v. H. und Ägypten mit 5,0 v. H., der Gesamtzahl.

UdSSR	3 436	USA	118	Rumänien	4
Frankreich	2 192	Belgien	87	Ungarn	2
Franz. Afrika	78	Tschechoslowakei	28	Griechenland	2
England	1 440	Österreich	9	Dänemark	1
Ägypten	423	Australien	8	Argentinien	1

Übriges:		Holland	7	Albanien	1
Brit.Afrika	7	Norwegen	5	Port. Indien	1
Jugoslawien	512	Luxemburg	5		
Polen	142	Kanada	4		[...]

2. Vermißte
Gesamtzahl der eingegangenen Meldungen 7 448

Vermutliche Gewahrsamsländer

Die bei weitem größte Zahl der Vermißten (82,6 v. H.) befindet sich auf Grund von Angaben von Angehörigen vermutlich in der UdSSR. Dabei handelt es sich auch um Vermißte, die zuletzt außer in Rußland bzw. den östlichen Frontabschnitten in Deutschland auch in Polen, der Tschechoslowakei, Ungarn, Rumänien und Österreich eingesetzt waren.

UdSSR	6 155	Ägypten	17	Griechenland	3
Frankreich	330	Belgien	12	Albanien	2
England	221	Holland	10	Kanada	1
Jugoslawien	127	Südafr. Union	6	Dänemark	1
USA	104	Franz. Afrika	7	Argentinien	1
Polen	52	Brit. Afrika	3	Norwegen	1
Italien	33	Ungarn	3	Portug. Indien	1
Tschechoslowakei	25	Österreich	3	Luxemburg	1
Rumänien	22	Brasilien	3	Nicht ermittelt	304

Letzter Frontabschnitt

Als letzter Frontabschnitt wurde für 2 028 Vermißte (35,3 v. H.) Russland angegeben, für 2 228 Vermißte (29,9 v. H.) wurde Deutschland als letzter Frontabschnitt genannt. Auch hierbei handelt es sich hauptsächlich um Vermißte in den Kämpfen gegen die UdSSR.

Rußland	2 628	Italien	122	Mittelmeerinseln	16
Deutschland	2 228	Auf See	117	Dänemark	11
Polen	410	Holland	59	Franz. Afrika	11
Rumänien	394	Westfront allgemein	48	Bulgarien	9
Balt. Provinzen	341	Österreich	46	England	8
Frankreich	245	Norwegen	33	Brit. Afrika	8
Ungarn	194	Finnland	26	Japan	2
Tschechoslowakei	181	Belgien	26	Ägypten	1
Jugoslawien	166	Griechenland	24	Nicht ermittelt	94

Quelle: BA, B 150/323 Heft 1.

Dokument 19

Deutsche Kriegsgefangene und der Rat der Außenminister auf seiner Moskauer Konferenz, 10. März–24. April

Während die westdeutschen Länder Vorbereitungen für die Registrierung der Kriegsgefangenen trafen, diskutierten die Außenminister der Alliierten auf einer Konferenz in Moskau Pläne für die Entlassung der noch in alliiertem Gewahrsam befindlichen deutschen Gefangenen. Als Termin für den Abschluß des Entlassungsprozesses wurde der Dezember 1948 festgesetzt. Während der Konferenz nannte der sojwetische Außenminister Molotow eine Zahl der noch in sowjetischen Lagern sitzenden deutschen Gefangenen.

Nach offiziellen Angaben der Außenminister in Moskau ergibt sich folgender Stand des deutschen Kriegsgefangenenproblems nach dem Datum vom 13. März 1947:

In amerikanischer Kriegsgefangenschaft	30 976;
davon in USA, Frankreich und Italien	15 103;
zur Entlasssung vorgemerkt U. S.-Zone Deutschlands	15 873;
in britischer Kriegsgefangenschaft	435 295;
monatl. Entlassung	17 500;
ab 1. Juli	20 000;
in französischer Kriegsgefangenschaft	631 483;
davon in Frankreich	593 276;
in Nordafrika	19 601;
in der franz. Zone Deutschlands	18 606.

Außenminister Molotow gab die offizielle russische Ziffer,
laut einer Tass-Meldung, mit 890 535
an. Seit der Kapitulation Deutschlands seien 1 003 974
deutsche Kriegsgefangene entlassen worden.

Quelle: Süddeutsche Zeitung, Nr. 27 vom 18. März 1947.

Dokument 20

Brief des Generalsekretärs des Länderrats über die Pläne zur Registrierung der Kriegsgefangenen und die erhofften Resultate, 22. Mai 1947

Zwar übernahm die amerikanische Militärregierung keine Verantworung für die Erarbeitung von Statistiken über die Kriegsgefangenen und Vermißten, doch legten die Militärbehörden den deutschen Bemühungen auch nichts in den Weg.

Betr.: Registrierung der Kriegsgefangenen, Heimkehrer und Vermißten.
Auf Ihr Schreiben vom 9. 5. 1947 teile ich Ihnen mit, daß in den Ländern der U. S.-Zone

zur Zeit Vorbereitungen für die Registrierung der Kriegsgefangenen und Vermißten im Gange sind.

Die Registrierung wird als staatliche Angelegenheit von den Innenministerien übernommen und durch Polizeibehörden und Bürgermeisterämter durchgeführt. Es ist vorgesehen, daß die Registrierung in allen drei Ländern möglichst im Laufe des Monats Juni erfolgt. Registriert werden:

1. Kriegsgefangene und Zivil-Internierte im Ausland, deren Anschrift bekannt ist
2. Vermißte der ehemaligen Wehrmacht und des Wehrmachtgefolges
3. Sonstige Vermißte.

Ob die Opfer des Bombenkrieges im Inlande in diese Aktion mit einbezogen werden können, wird zur Zeit in den Ländern geprüft. Für die Registrierung werden die in der Anlage beigefügten Karten verwendet. Ebenso füge ich ein Merkblatt für die Ausfüllung der Karteikarten bei.

Nach erfolgter Registrierung werden die Meldekarten den statistischen Landesämtern zur Auswertung übersandt. Die Auswertung erfolgt nach den verschiedensten Gesichtspunkten und wird Aufschluß geben über die Zahl der noch in Gefangenschaft befindlichen deutschen Kriegsgefangenen, ihre Alters-Berufs-Personenstandsgliederung usw. Nach der Auswertung werden wir ein genaues Verzeichnis aller Kriegsgefangenenlager in den verschiedenen Gewahrsamsländern haben und genau feststellen können, wieviel Kriegsgefangene aus der U. S.-Zone sich in jedem Land und Lager befinden. Für die Arbeitslenkung werden die Ergebnisse über die zurückerwarteten Berufs- und Altersklassen von großer Bedeutung sein.

Nach statistischer Auswertung gehen die Meldekarten zur praktischen Auswertung dem Suchdienst, Zonenzentrale München, zu. Der Suchdienst wird nunmehr in der Lage sein, seine gesamte Kartei neu aufzubauen. Aus diesem Grund wurde die Meldekartei einmal als Stamm- und einmal als Begegnungskarte geschaffen.

Um für die Zukunft einen genauen Überblick zu haben, wieviel Kriegsgefangene noch in Gefangenschaft sind und wieviel in einem bestimmten Zeitabschnitt entlassen werden, ist vorgesehen, daß gleichzeitig mit der polizeilichen Meldung ein kleines Formular mit den Personalien des Heimkehrers und seiner früheren Lageranschrift ausgefüllt an den Suchdienst zugeleitet wird.

Ferner ist vorgesehen, daß nach dem Beispiel Bremens Rückkehrer sich mit den Angehörigen von Kameraden seines ehemaligen Lagers in Verbindung setzen und die Angehörigen selbst über die Verhältnisse im Lager informieren kann. Ferner soll der Heimkehrer veranlaßt werden, einen Fragebogen auszufüllen und all die Kameraden anzugeben, die mit ihren Angehörigen noch keine Postverbindung hatten, sowie die Namen von Kameraden, die während der Gefangenschaft gestorben sind.

Alle diese Maßnahmen sollen dazu beitragen, über das Schicksal unzähliger Kriegsgefangener, Vermißter und Verstorbener Klarheit zu schaffen und den Angehörigen in der Heimat das Gefühl zu geben, daß die wirklichen Opfer dieses Krieges nicht vergessen sind.

Quelle: BA, B 150/322: Preller an Ripp am 20. Mai 1947.

Dokument 21

Bekanntmachung der Kriegsgefangenen-Registrierung, 30. Mai 1947

Wenn die Registrierung der ehemaligen Kriegsgefangenen die vom Ausschuß für Kriegsgefangenenfragen erhofften Resultate bringen sollte, mußte sie größtmögliche Publizität erhalten, durch Rundfunk, Presse und öffentliche Bekanntmachungen. Die hier wiedergegebene Bekanntmachung kündigt die Registrierung in Württemberg-Baden an.

Amtliche Bekanntmachung

Registrierung der Kriegsgefangenen, der Zivilinternierten im Ausland und der Vermißten

Das Schicksal unserer Kriegsgefangenen und die Ungewißheit über die Vermißten lastet schwer auf der deutschen Bevölkerung. Die gesamte Betreuung der Kriegsgefangenen und die Nachforschung nach den noch vermißten Personen ist einheitlich zusammengefaßt worden. Der Ministerrat von Württemberg-Baden hat beschlossen, in Württemberg-Baden eine amtliche Registrierung der Kriegsgefangenen und Vermißten durchzuführen. (Diese erfolgt auch in den anderen Ländern der amerikanischen Besatzungszone.) Das Innenministerium ist mit dieser Aufgabe betraut worden. Durch Einschaltung amtlicher Stellen soll die Kriegsgefangenenbetreuung und die Suche nach Vermißten auf eine feste Grundlage gestellt werden mit dem Ziel, über die Vermißten weitmöglichst Klarheit zu schaffen, damit die Angehörigen möglichst bald zusammengeführt werden.

Die Erfassung soll sich auf folgende Personenkreise erstrecken:

1. Kriegsgefangene der ehemaligen Wehrmacht und des Wehrmachtsgefolges, von denen ein schriftliches Lebenszeichen vorliegt und deren Kriegsgefangenen-Anschrift bekannt ist.
2. Zivilinternierte im Ausland, deren Anschrift bekannt ist.
3. Vermißte der ehemaligen Wehrmacht und des Wehrmachtsgefolges, die als vermißt gemeldet worden sind und bei denen noch nicht bekannt ist, wo sie sich gegenwärtig aufhalten und ob sie überhaupt noch leben.
4. Alle sonstigen vermißten Zivilpersonen einschließlich der durch den Luftkrieg im Inland vermißten Personen, der Angehörigen von Flüchtlingen und der Kinder, deren Schicksal noch aufgeklärt werden muß. Die Registrierung erfolgt auf Grund von Meldungen. Bei sämtlichen Bürgermeisterämtern sind Meldestellen errichtet worden. Die Registrierkarten werden von den Meldestellen selbst ausgefüllt. Die Meldungen sollen grundsätzlich nur durch die nächsten Angehörigen in nachstehender Reihenfolge vorgenommen werden:

Ehegatten oder
Vater oder
Mutter oder
Kinder oder
Geschwister oder
anderen Verwandten usw.

Über die Vornahme der Meldungen sollen sich die Verwandten untereinander verständigen, damit Doppelmeldungen vermieden werden.

Die Angehörigen haben bei der Meldung zur vollständigen und richtigen Ausfüllung der Meldekarten Unterlagen über die Personalien der Kriegsgefangenen oder Vermißten (Briefe des Kriegsgefangenen oder Vermißten, amtliche Mitteilungen), unter allen Umständen mitzubringen und vorzulegen.

Es wird ausdrücklich darauf aufmerksam gemacht, daß auch die Kriegsgefangenen und Vermißten zu melden sind, über die die Angehörigen bereits beim Hilfsdienst für Kriegsgefangene und Vermißte in Stuttgart oder bei einer sonstigen Organisation (SPD Hannover o. a.) Nachforschungsantrag gestellt haben.

Mit dieser Erfassung soll in erster Linie eine zuverlässige Übersicht über die Zahl und die Personalien der Personen erreicht werden, die von den Angehörigen in der U. S.-Zone noch vermißt werden oder noch nicht zu ihnen zurückgekehrt sind.

Nach der statistischen Auswertung des gesamten Materials durch die Statistischen Landesämter werden die Unterlagen zur Nachforschung nach dem Verbleib der vermißten Personen verwendet werden. Das gesamte Material geht an die für die süddeutschen Länder zuständigen Zonen-Suchzentrale in München. Da die Registrierung auch in den britischen und französischen Besatzungszonen durchgeführt werden wird, wird die Zusammenführung der Angehörigen wesentlich erleichtert werden.

Die Registrierung wird in Württemberg-Baden
in den Landkreisen vom 20. Juni bis 2. Juli 1947,
in den Stadtkreisen vom 20. Juni bis 12. Juli 1947 durchgeführt.

Die Bürgermeisterämter – Meldestellen – werden das Nähere bekanntgeben, wann – Tag und Stunde – und wo – Raum – die Meldungen erfolgen können.

Der Zweck der Registrierung wird nur erreicht, wenn alle Kriegsgefangenen und sämtliche vermißten Personen zur Anmeldung gebracht werden. Die Bevölkerung wird daher aufgefordert, sich weitgehend an der Registrierung zu beteiligen und die Anmeldung als eine Ehrenpflicht gegenüber den Kriegsgefangenen und Vermißten anzusehen.

Stuttgart, den 30. Mai 1947 Innenministerium

In der Gemeinde ______________________________

wird die Registrierung in der Zeit vom __________________ durchgeführt.

Die Meldungen werden im ___________________________ Zimmer __________

von _____________ bis _____________ entgegengenommen.

_________________, den _____________ Bürgermeisteramt.

Quelle: BA, B 150/323 Heft 2.

Dokument 22

Ministerpräsidentenkonferenz in München, 6./7. Juni 1947, Erster Sitzungstag. 6. Juni 1947

Zu den Punkten, die den in München versammelten Regierungschefs der Besatzungszonen in Deutschland – die Ministerpräsidenten der Länder der SBZ waren wieder abgereist, ehe die Konferenz richtig begann – Anlaß zur Sorge gaben, war die Meldung der Ende April zu Ende gegangenen Außenministerkonferenz in Moskau, Molotow habe dort erklärt, daß die UdSSR nur noch rund 890 000 in ihrem Gewahrsam habe. Dies ließ das Schicksal von mehr als einer Million Soldaten ungeklärt.

(2. Kundgebung für die Kriegsgefangenen)
Kaisen: Herr Präsident! Meine Damen und Herren! Ehe wir in die eigentlichen Verhandlungen eintreten, wollen wir einer Frage gedenken, die uns alle tagtäglich bewegt: Wie helfen wir unseren Kriegsgefangenen?

Es wird von der gesamten deutschen Bevölkerung immer wieder der dringende Wunsch zum Ausdruck gebracht, daß unsere Kriegsgefangenen endlich wieder in die Heimat zurückkehren möchten. Die einzelnen Länder und der Länderrat haben daher schon des öfteren an die Militärregierungen diese Wünsche weitergegeben. Es wurde ihnen in Aussicht gestellt, daß auf der Moskauer Konferenz die Kriegsgefangenenfrage besprochen werden soll. Das Ergebnis ist bekannt: Es wurde beschlossen, die Entlassung der Kriegsgefangenen bis Ende 1948 durchzuführen. Ferner gaben die Außenminister am 14. März offizielle Zahlen über die Kriegsgefangenen bekannt, die noch nicht entlassen sind. Nach diesen letzten offiziellen Ziffern befinden sich noch 2 1/4 Millionen deutscher Männer und auch Frauen zwei Jahre nach Beendigung des Krieges in Kriegsgefangenschaft und verzehren sich vor Heimweh. Ein offizieller Plan, nach dem die Entlassungen vorgenommen werden, ist nicht bekannt. Eine Übersicht über die laufend vorgenommenen Entlassungen ergibt, daß zur Zeit monatlich insgesamt rund 60 bis 65 000 Kriegsgefangene entlassen werden. Die Ziffer verteilt sich auf alle Mächte. Es ergibt sich nach der vorliegenden Übersicht, daß die Kriegsgefangenen in der Hand der USA bald entlassen sein werden, daß ferner die Gefangenen aus Holland, Belgien und Luxemburg noch im Laufe dieses Jahres zurückkehren. Auch aus britischem Gewahrsam würden die Kriegsgefangenen nach dem jetzigen Entlassungssystem innerhalb der vorgesehenen Frist entlassen sein. Aber für Frankreich, Rußland und die übrigen Länder sind viel höhere monatliche Quoten erforderlich, um den festgesetzten Termin von Ende 1948 einzuhalten. [...]

Wenn wir heute erneut unseren dringenden Ruf nach Freilassung der Kriegsgefangenen erheben, so deshalb, weil nach den bisherigen Ermittlungen die Rückkehrer vielfach bis zu 87 Prozent arbeitsunfähig und krank sind. Wenn wir unseren dringenden Ruf erheben, so deshalb, weil die ermittelte Gesamtzahl von 2 1/4 Millionen auf der von Rußland offiziell mit 890 000 bekanntgegebenen Zahl begründet ist und nicht die Differenz zu klären vermag zwischen dieser Zahl und der Mindestzahl von zwei Millionen, die sich nach deutschen und internationalen Schätzungen allein noch in Rußland befinden müssen. [...]

Quelle: Akten zur Vorgeschichte der Bundesrepublik Deutschland, 1945–1949, Bd. 2, München 1979, Dokument Nr. 32 A, S. 517f.

Dokument 23

Frau Dr. Bitter an die Bayerische Landesarbeitsgemeinschaft für Kriegsgefangenenfragen, 28. Mai 1947

Als Ausdruck der tiefen Besorgnis deutscher Ehefrauen über das Geschick ihrer Männer stellte die Resolution einen direkten Appell an die Besatzungsmächte dar.

Resolution

204 Delegierte von 42 Frauenverbänden und der Parteien aus allen 4 Zonen Deutschlands, die in Bad Boll vom 21. bis 23. Mai 1947 zu einer Konferenz zusammentraten, richteten den folgenden Appell an alle alliierten Mächte, in deren Gewahrsam sich noch deutsche Kriegsgefangene Männer und Frauen befinden:

Der auf der Moskauer Konferenz festgelegte Termin bis zu dem alle Kriegsgefangenen heimgesandt werden sollen, ist so weit entfernt, daß die Frauen und Mütter, die schon seit vielen Jahren von ihren Männern, Söhnen und Töchtern getrennt leben müssen, unter Berufung auf die Gebote der Menschlichkeit und die Forderung des öffentlichen Gewissens, denen sowohl Sieger wie Besiegte unterstellt sind, inständig bitten, trotz der technischen Schwierigkeiten die Heimsendung so zu beschleunigen, daß die Kriegsgefangenen möglichst bald ihren Familien wiedergegeben werden.

Die Frauen bitten ferner darum, allen Kriegsgefangenen, die bis jetzt noch nicht mit ihren Angehörigen in Verbindung treten konnten, diese Verbindung zu ermöglichen.

Quelle: Bitter-Papiere.

Dokument 24

Die Registrierung der Kriegsgefangenen und Vermißten in den Ländern der U. S.-Zone, Stand Mitte 1947

Fraglos stellte die im Jahre 1947 durchgeführte Registrierung der Kriegsgefangenen eine der wichtigsten statistischen Untersuchungen zu Deutschlands Gefangenenproblem dar. Wenn sie auch nur einen begrenzten Prozentsatz der entlassenen Gefangenen erreichte, machte die Untersuchung doch den ersten richtigen Blick auf die Verteilung der noch festgehaltenen Gefangenen und erste Annahmen über das Geschick der Vermißten möglich. Von gleicher Bedeutung ist die Tatsache, daß es sich bei der Registrierung um eine rein deutsche Aktion handelte und ihre Resultate unabhängig von Quellen der Allierten waren. Nun konnte der Ausschuß für Kriegsgefangenenfragen einen Grundstock an Zahlen zum Vergleich mit allen Angaben benutzen, welche von Staaten stammten, die deutsche Kriegsgefangene in Gewahrsam gehabt hatten oder noch hatten.

Auf Anregung des Ausschusses für Kriegsgefangenenfragen beim Länderrat wurde im Juni und Juli 1947 in Bayern, Hessen, und Württemberg-Baden eine amtliche Registrierung der Kriegsgefangenen und Vermißten durchgeführt, nachdem Bremen im Januar und März 1947 mit einer ähnlichen Erhebung vorangegangen war.

Mit der technischen Durchführung der Registrierung waren die Innenminister der drei Länder beauftragt. Die Meldungen erfolgten auf vorgedruckten Formularen durch die nächsten Angehörigen der Kriegsgefangenen und Vermißten bei den Polizeirevieren und Bürgermeisterämtern. Die statistische Auswertung der eingegangenen Meldekarten erfolgte durch die statistischen Landesämter nach folgendem Tabellenprogramm:

I. Kriegsgefangene aufgeschlüsselt nach:

1. Familienstand und Verwandtschaftsverhältnisse des Anmeldenden zum Kriegsgefangenen.
2. Geschlecht, Alter und Gewahrsamsland.
3. Geschlecht, Alter und Wohnsitz am 1. 9. 1939.
4. Gewahrsamsland und Wohnsitz am 1. 9. 1939.
5. Familienstand, Anzahl der minderjährigen Kinder und Gewahrsamsland.
6. Familienstand, Anzahl der minderjährigen Kinder und Wohnsitz am 1. 9. 1939.
7. Berufsarten und Altersgruppen.
8. Berufsgruppen und Gewahrsamsland.
9. Religionszugehörigkeit und Gewahrsamsland.
10. Gewahrsamsland und letzter Dienstgrad.
11. Dauer der Kriegsgefangenschaft.

II. Wehrmachtvermißte aufgeschlüsselt nach:

1. Zeitpunkt der letzten Nachricht.
2. Familienstand und Verwandtschaftsverhältnis des Anmeldenden zum Vermißten.
3. Land und Zeitpunkt der letzten Nachricht.
4. Alter, Geschlecht und Familienstand und Land der letzten Nachricht.
5. Alter, Geschlecht, Familienstand und Wohnsitz am 1. 9. 1939.
6. Land der letzten Nachricht und Wohnsitz am 1. 9. 1939.
7. Familienstand, Anzahl der minderjährigen Kinder und Land der letzten Nachricht.
8. Familienstand, Anzahl der minderjährigen Kinder und Wohnsitz am 1. 9. 1939.
9. Berufsgruppen und Altersgruppen.
10. Berufsgruppen und Land der letzten Nachricht.
11. Religionszugehörigkeit und Land der letzten Nachricht.
12. Land der letzten Nachricht und letzter Dienstgrad.

Darüber hinaus haben die Statistischen Landesämter Auszählungen über die zurückerwarteten Kriegsgefangenen und Vermißten nach Kreisen bzw. Regierungsbezirken vorgenommen. Dadurch kann über die Statistischen Landesämter den örtlichen Verwaltungen, wie Arbeitsämtern, Wohnungsbehörden usw. aufschlußreiches Material an die Hand gegeben werden.

Die Meldekarten wurden nach erfolgter Auswertung der Zonenzentrale München des Suchdienstes zur Verfügung gestellt.

Der anliegende Bericht über die Registrierung der Kriegsgefangenen und Vermißten ist eine Zusammenfassung und Auswertung der in Bayern, Hessen und Württemberg-Baden durchgeführten Erhebung. Soweit möglich, wurden die Ergebnisse der Registrierung in Bremen mit einbezogen.

Die Gesamtbevölkerung der U. S.-Zone umfaßt mit 18,8 Millionen Einwohnern 25,2 % der Bevölkerung aller vier Besatzungszonen. Bei dieser Größenordnung können gewisse Rückschlüsse auf die Gesamtzahl der noch zu erwartenden Kriegsgefangenen und Vermißten in allen vier Besatzungszonen gezogen werden.

Die Kriegsgefangenen.

Nach den Ausführungen, die bei der Moskauer Konferenz im März 1947 u. a. zu dieser Frage gemacht wurden, setzte sich die Zahl der Kriegsgefangenen folgendermaßen zusammen:

im britischen Empire	435 295
im Gebiet der USA	30 976
in Frankreich	631 483
in der Sowjetunion	890 532

Hinzu kamen noch folgende geschätzte Angaben:

auf dem Balkan	300 000
in Holland	10 000
in Belgien	54 000

Im Gebiet der USA befinden sich heute keineKriegsgefangenen mehr. Die Gefangenenzahl in den Westzonen verringert sich laufend.

Besonderes Erstaunen löste die Bekanntgabe der russischen Zahlen aus, die man seither mit 2,5 bis 3 Millionen angenommen hatte. [...]

[...] In der U. S.-Zone wurde Mitte 1947 eine Registrierung durchgeführt, die auf Grund der Meldungen der nächsten Angehörigen der Kriegsgefangenen und Vermißten erfolgte.

Als Kriegsgefangene wurden nur diejenigen Wehrmachtsangehörigen registriert, die bereits aus der Kriegsgefangenschaft geschrieben hatten. Alle übrigen noch nicht zurückgekehrten Wehrmachtsangehörigen wurden als Vermißte aufgenommen.

Nach dieser Registrierung ergaben sich folgende Zahlen:

	Kriegsgefangene	Vermißte	Anteil an der Gesamtbevölkerung	Anteil an der männlichen Bevölkerung
Bayern	212 494	233 333	4,9 %	10,9 %
Hessen	93 508	99 753	4,8 %	10,5 %
Württ.-Baden	83 877	85 243	4,6 %	10,3 %
Bremen	10 707	9 150	4,4 %	8,6 %
U. S.-Zone	400 586	427 479	4,8 %	10,6 %

1262 der Kriegsgefangenen und 570 der Vermißten der U. S.-Zone (ohne Bremen) sind weibliche Personen.

Annähernd 5 % der Gesamtbevölkerung und mehr als 1/10 der männlichen Bevölkerung der U. S.-Zone sind noch in Kriegsgefangenschaft oder vermißt. Diese Tatsache gewinnt eine besondere Bedeutung, wenn man die altersmäßige Zusammensetzung der Kriegsgefangenen untersucht und sie dann dem Altersaufbau der Bevölkerung gegenüberstellt. Bremen konnte dabei nicht berücksichtigt werden, da seine Altersgliederung zu stark von der der anderen Länder abweicht.

Altersaufbau der Kriegsgefangenen und Vermißten der U. S.-Zone.

Altersgruppen	Kriegsgefangene absolut	%	Vermißte absolut	%	Kriegsgef. u. Vermißte absolut	%
unter 20 Jahre	17 745	4,6	14 480	3,5	32 225	4,0
20 bis unter 25 Jahre	93 101	23,9	89 313	21,3	182 414	22,6
25 bis unter 30 Jahre	67 867	17,4	71 349	17,1	139 216	17,2
30 bis unter 35 Jahre	71 672	18,3	80 500	19,3	152 172	18,8
35 bis unter 40 Jahre	75 553	19,5	85 986	20,5	161 539	20,0
40 bis unter 45 Jahre	48 551	12,5	49 527	11,8	98 078	12,1
45 bis unter 50 Jahre	12 279	3,1	19 488	4,6	31 767	3,9
50 und darüber	3 111	0,7	7 686	1,9	10 797	1,4
	389 879	100,0	418 329	100,0	808 208	100,0

Diese Aufstellung zeigt, daß bei den Kriegsgefangenen 79,1 %, bei den Vermißten 78,2 %, bei beiden Gruppen zusammen 78,6 % zu der Altersgruppe der 20–40-jährigen gehören, die gerade für den Arbeitsmarkt von besonderer Wichtigkeit ist.

Der Altersaufbau der Gesamtbevölkerung (ohne Bremen) hat folgendes Aussehen:

Altersgliederung der Bevölkerung in der U. S.-Zone (ohne Bremen)
(nach der Volkszählung von 1946)

	männlich	%	weiblich	%	zusammen	%
bis unter 20 Jahre	2 668 800	36,7	2 627 400	29,2	5 296 200	32,6
in v. H.	50,4 %		49,6 %		100 %	
20 bis unt. 40 Jahre	1 749 500	24,0	2 802 700	31,2	4 552 200	28,0
in v. H.	38,4 %		61,6 %		100 %	
40 und darüber	2 859 900	39,3	3 552 200	39,6	6 412 100	39,4
	44,6 %		55,4 %			
Gesamtbevöl-	7 278 200	100	8 982 300	100	16 260 500	100
kerung (in v. H.)	44,8 %		55,2 %		100 %	

Nach Hinzunahme der Kriegsgefangenen gestaltet sich das Bild folgendermaßen:

	männlich	%	weiblich	%	zusammen	%
bis unter 20 Jahre	2 686 500	35,0	2 627 400	29,2	5 313 900	31,9
in v. H.	50,6 %		49,4 %		100 %	
20 bis unt. 40 Jahre	2 057 700	26,9	2 802 700	31,2	4 860 400	29,2
in v. H.	42,3 %		57,7 %		100 %	
40 und darüber	2 923 900	38,1	3 552 200	39,6	6 476 100	38,9
in v. H.	45,1 %		54,9 %		100 %	
Gesamtbevöl-	7 668 100	100	8 982 300	100	16 650 400	100
kerung (in v. H.)	46,1 %		53,9 %		100 %	

Bei der Altersgliederung der Kriegsgefangenen konnten die noch in Gefangenschaft befindlichen Frauen nicht berücksichtigt werden, da sie in ihrer Altersgliederung nicht ausgewiesen sind.

Die Hereinnahme der Vermißten könnte das Bild noch etwas günstiger gestalten. Es wurde in diesem Rahmen aber darauf verzichtet, weil die Größenordnung, die man für zurückkehrende Vermißte in Ansatz bringen könnte, zu ungewiß erscheint. [...]

[...] Berufzugehörigkeit der Vermißten

Berufsgruppen	Bayern	Hessen	Württ.-Baden	U. S.-Zone	%	Anteil an den besch. männl. Angestellten, Arbeitern und Beamten der U. S.-Zone
Landwirtschaft, Tierzucht	55 101	15 446	16 893	87 440	20,9	26,2
Stofferzeugung u. Verarbeitung	93 737	44 914	35 692	174 343	41,7	12,4
davon:						
Bergbau	790	491	124	1 405	0,3	4,6
Steine und Keramik	3 886	1 147	570	5 603	1,3 }	24,7
Glasarbeiter	997	260	114	1 371	0,3 }	
Bauberufe	17 967	9 470	6 001	33 438	8,0	14,5
Metallarb. u. verw. Berufe	24 615	14 013	12 785	51 413	12,3	9,9
Elektriker	3 409	1 480	1 298	6 187	1,5	6,1
Chemiewerker	512	562	188	1 262	0,3	2,2
Holzverarb. u. verw.Berufe	11 438	4 920	4 227	20 585	4,9	11,4
Papierarbeiter	442	222	283	947	0,2	4,4
Graphische Berufe	2 471	1 322	1 181	4 974	1,2	10,8
Textilarbeiter	6 998	2 639	2 151	11 788	2,9	23,2
Ledererz. u. Verarb.	5 252	2 708	2 094	10 054	2,4	30,7
Nahrungs- und Genußmittel	14 000	5 219	4 376	23 595	5,7	19,3
Hilfsberufe	960	461	300	1 721	0,4	–
Technische Berufe	4 898	2 542	2 038	9 478	2,3	8,8
Gütervert. u. Verkehrswesen	30 358	15 322	6 015	51 695	12,3	16,6
Haushalts- Gesundheits- und Volkspflege	3 833	1 650	1 479	6 962	1,6	11,4
Verwaltungs- und Rechtswesen	12 845	6 564	4 021	23 430 }	5,6 }	8,4
Geistes- u. Kunstleben	3 756	1 814	1492	7 062 }	1,7 }	
nicht genau angegebene Berufe	18 759	7 177	268	26 204	6,3 }	
nicht berufstätig	8 013	4 287	3 780	16 080	3,9 }	14,2
ohne Angabe	2 033	37	13 565	15 635	3,7 }	
Summe	233 333	99 753	85 243	418 329	100,0	– [...]

+) Stand vom 30. 9. 47

[...] Das Bild der Vermißten sieht folgendermaßen aus:

Vermutliche Gewahrsamsstaaten der Vermißten.

Vermutliche Gewahrsams-länder	Bayern Gesamt	%	Bremen Gesamt	%	Hessen Gesamt	%	Württ.-Baden Gesamt	%	U. S.-Zone Gesamt	%
Sowjet-Union	123 546	53,0	7 521	82,2	53 691	53,8	53 019	62,2	237 777	55,6
Polen	14 912	6,4	58	0,7	6 674	6,7	4 160	4,9	25 804	6,0
Tschechoslowakei	11 576	5,0	26	0,3	3 778	3,8	3 178	3,8	18 558	4,3
Jugoslawien	5 553	2,4	169	1,9	1 646	1,6	1 347	1,6	8 715	2,3
Frankreich	7 997	3,4	409	4,5	3 559	3,6	3 477	4,1	15 442	3,6
Großbrit. einschl. Dominien	2 351	1,0	357	3,9	1 089	1,1	922	1,1	4 719	1,1
Niederlande	1 059	0,4	10	0,1	476	0,5	369	0,4	1 914	0,4
Belgien	528	0,2	14	0,2	257	0,3	197	0,2	996	0,2
Sonstige Länder, in Deutschland vermißt und unbekannt	65 811	28,2	586	6,2	28 583	28,6	18 574	21,7	113 554	26,5
	233 333	100	9 150	100	99 753	100	85 243	100	427 479	100

Bei der auffallend großen Zahl der Vermißten, von denen die letzte Nachricht aus einem Ort innerhalb Deutschlands vorliegt, oder deren Aufenthalt unbekannt ist, kann angenommen werden, daß sie hauptsächlich zuletzt auf dem Territorium der Sowjet-Zone eingesetzt waren. Diese Annahme wird durch den hohen Prozentsatz erhärtet, den Bremen für auf dem Gebiet der Sowjet-Union vermißte Soldaten aufweist.

Von den Vermißten befinden sich nach den Ergebnissen der Registrierung in der U. S.-Zone mehr als 2/3 in den östlichen Ländern, von mehr als 1/4 ist der letzte Aufenthalt nicht bekannt, doch ist, wie vorher schon angeführt, anzunehmen, daß sie sich zuletzt im Osten befanden.

Wenn schon das Schicksal der Kriegsgefangenen uns alle tief bewegt, dann noch mehr das jener Menschen und ihrer Angehörigen, von denen keinerlei klare Auskunft vorliegt.

Der weiter vorne errechnete Anteil der Kriegsgefangenen und Vermißten an der männlichen Bevölkerung der U. S.-Zone gibt eine gewisse Möglichkeit, von ihm aus den Versuch zu machen, auf die mögliche Gesamtzahl der Kriegsgefangenen und Vermißten zu schließen.

Viel interessanter gestaltet sich dieser Versuch, wenn man einmal den Anteil der Kriegsgefangenen und Vermißten gesondert erstellt, zum anderen den Anteil besonders nachweist, der dabei auf den Osten entfällt.

Es stellt sich dabei folgendes heraus:

Die Kriegsgefangenen und Vermißten der U. S.-Zone machen zusammen 10,6 % der männlichen Bevölkerung der U. S.-Zone (einschl. Bremen) aus.

Von diesem Gesamtanteil entfallen 48,4 % auf die Kriegsgefangenen, 51,6 % auf die Vermißten.

Nach der Volkszählung vom 29. 10. 1946 betrug diese Zahl der Männer in Deutschland 29 315 918. Legt man an diese Gesamtzahl den oben erwähnten Maßstab von 10,6 % für

Kriegsgefangene und Vermißte an, dann würde sich für die Mitte des Jahres 1947 für alle Besatzungszonen zusammen eine Kriegsgefangenen- und Vermißtenzahl von 3 107 500 ergeben.

Nach dem vorher erwähnten Schlüssel wären davon

1 504 000 Kriegsgefangene und

1 603 500 Wehrmachtvermißte.

Zu den oben errechneten Zahlen darf abschließend gesagt werden, daß sie gegenüber dem tatsächlichen Anteil der einzelnen Besatzungszonen gewisse Differenzen aufweisen können.

Über die nüchternen Zahlen der Registrierungsergebnisse hinaus steht immer vor uns das Bild jener, die fast drei Jahre nach Kriegsende noch immer auf ihre endliche Entlassung warten. Die Heimat im ganzen, ihre Angehörigen im besonderen, sorgen sich um sie und fühlen mit ihnen.

Quelle: BA, B 150/322.

Dokument 25

Bericht des Regional Government Coordinating Office über die Registrierung der Kriegsgefangenen, 3. September 1947

Ohne daß sich der Beobachter des RGCO einen interpretierenden Kommentar erlaubt hätte, lieferte sein Bericht dem RGCO einige der statistischen Ergebnisse der Registrierung. Bemerkt wurde, daß 90 Prozent aller Vermißten im Osten verschwunden waren.

1. Registration of Pws

The committee received a report on registration of PWs still in captivity, which took place in the three southern Laender of the U. S.-Zone at the end of June (Bremen had its registration at some earlier time this year). The registration was carried out by the local authorities under the supervision of the Ministries of the Interior. It was effectuated by standardized reports of relatives and returned PWs. Participation in registration was considered satisfactory in as much as 90 % of all PWs were thought to have been reported. Evaluation according to age groups and occupations of reported PWs and the number of PWs in each camp will be left to later statistical work. As an immediate result, the report said, it could be stated that the number of PWs is somehow smaller than is generally assumed. For the U. S.-Zone 394 800 PWs in captivity and 425 000 missing persons were reported. This, it was said, was 4,88 % of the population. 54 % of all PWs still in captivity were said to be in Soviet Russia and 90 % of all missing persons were last heard of at the eastern front, the report said. Transferred to the entire German population the above mentioned figures would mean a total of 1,6 millions still in captivity and 1,7 millions of missing persons.

Quelle: BA, Nachlaß Pollock 83.

Dokument 26

Bericht über die Demobilisierung der deutschen Kriegsgefangenen in amerikanischem Gewahrsam, Juni 1947

Während der Periode, in der deutsche Stellen, darunter der Ausschuß für Kriegsgefangenenfragen, die im Juni und Juli stattfindenden Registrierungen heimgekehrter und in der amerikanischen Besatzungszone wohnender Soldaten durchführten, gab General Lucius D. Clay, der amerikanische Militärgouverneur, bekannt, daß die USA alle ihre Kriegsgefangenen entlassen hätten.

Demobilization

All U. S. holdings of prisoners of war have been discharged as of 30 June 1947. All prisoners-of-war hospitals, labor service units, and the Discharge Center at Heilbronn have been closed, and the only prisoners-of-war installation remaining is the small Discharge Center at Dachau. This Center will be operated on a very reduced basis until September to process prisoners of war repatriated from Belgium and Luxembourg. The following figures show generally how the prisoners of war were released:

Discharged into the U. S.-Zone		3 451 110
Transferred to Other Zones	a)	2 461 249
Otherwise Released	b)	2 097 648
Totals Disposed of from 8 May 1945 through 30 June 1947		8 010 007

a) This figure does not include 175 000 prisoners of war originally held in the United States who were a British responsibility and who were shipped to Great Britain.

b) This figure represents an adjustment of conflicting field reports previously received. It includes deaths, desertions, members of the Volkssturm, and camp followers initially reported but later released without formal discharge. [...]

Quelle: Monthly Report of the Military Governor, Miltary Government of Germany, U. S-Zone, Nr. 24, 1.–30 Juni 1947.

Dokument 27

Statistisches Amt für die Britische Besatzungszone – Hauptabteilung D – Hamburg, 10. November 1947

Bald nach den Registrierungen in der U. S.-Zone folgten die Länder der britischen Zone dem gegebenen Beispiel nach.

Nur für den Dienstgebrauch!

Noch nicht zurückgekehrte Kriegsgefangene und Vermißte der Wehrmacht

Vorläufige Ergebnisse der Kriegsgefangenen- und Wehrmachtvermißtenerhebung in der britischen Besatzungszone im Sept./Okt. 1947. (Nach Vorausmeldungen der Länder aufgrund der abgegebenen Meldekarten.)

Land der abgegebenen Meldungen	Kriegsgefangene insgesamt	Kriegsgefangene männlich absolut	Kriegsgefangene männlich i. v. H. der männl. Bevölkerung*	Kriegsgefangene weiblich	Vermißte der Wehrmacht insgesamt	Vermißte der Wehrmacht männlich absolut	Vermißte der Wehrmacht männlich i. v. H. der männl. Bevölkerung*	Vermißte der Wehrmacht weiblich
	1	2	3	4	5	6	7	8
Schleswig-Holstein	51 359	51 186	4,42	173	87 469	87 158	7,53	311
Hamburg	20 462	20 446	3,19	16	31 103	31 046	4,84	57
Niedersachsen	111 598	111 447	3,95	151	177 870	177 554	6,29	316
Nordrhein-Westfalen	206 789	206 569	3,90	220	274 527	274 169	5,18	358
Brit. Zone insgesamt:	390 208	389 648	3,92	560	570 969	569 927	5,75	1 042

* Volkszählung 1946 ohne Sonderfälle

Quelle: BA, B 150/323 Heft 2.

Dokument 28

„Rückblick auf die Suchtätigkeit des Hilfsdienstes im vergangenen Jahr", Bericht des Hilfsdienstes für Kriegsgefangene und Vermißte für 1947, Stuttgart, Mai 1948

Wenn auch bis Ende 1947 ein gewisses Maß an Kooperation zwischen den verschiedenen Suchdiensten erreicht worden war, blieb doch noch viel zu tun. Es ist klar ersichtlich, daß die größten Fortschritte in der Schaffung eines Datenstocks mit jenen ehemaligen Gefangenen erzielt worden waren, die in westlichem Gewahrsam gewesen waren oder noch waren. Informationen aus der Sowjetunion blieben spärlich und ohne offizielle Bestätigung.

Die Arbeit des „Hilfsdienstes für Kriegsgefangene und Vermißte" hat sich im Jahr 1947 bis heute günstig entwickelt. Der Suchdienst nach Kriegsgefangenen und Vermißten im In- und Ausland führte zu zahlreichen Findungen und konnte so vielen Ehefrauen, Kindern, Eltern und Geschwistern erste Lebenszeichen von bisher als vermißt gemeldeten Soldaten übermitteln. Über in Gefangenschaft befindliche Soldaten, von denen längere Zeit keine Nachrichten vorlagen, konnten durch die Lagervertrauensmänner, die Kriegsgefangenenhilfe des YMCA oder das Internationale Komitee vom Roten Kreuz in Genf bzw. die nationalen Rot-Kreuz-Gesellschaften Mitteilungen über ihr Befinden usw. vermittelt werden. Anfragen bei amtlichen Auskunftsstellen der Gewahrsamsmächte ergaben Gewißheit über den Aufenthalt von Soldaten in der Gefangenschaft, ihre Lageranschrift oder den Zeitpunkt ihrer Entlassung und Heimschaffung. Auch erhielten Angehörige, nach Jahren zermürbender Ungewißheit, endlich Klarheit über den Tod ihrer vermißten Soldaten, wobei auch häufig der Ort der Beerdigung und die Grablage mitgeteilt werden konnte. Viele Kriegsgefangene, die aus den abgetrennten Ostgebieten oder deutschen Siedlungsräumen in den Ostseeprovinzen, Polen, Rußland, Ungarn, Rumänien und Jugoslawien stammten, und deren Familien in den Jahren 1945 bis 1947 nach Deutschland, d. h. in die vier Besatzungszonen, geflüchtet waren oder dorthin ausgewiesen wurden, konnten durch Bemühungen des Hilfsdienstes, in Zusammenarbeit mit anderen deutschen Suchdienststellen, mit ihren Angehörigen zusammengeführt werden.

In der Methodik der Suchdienstarbeit hat sich im Laufe des Jahres 1947 eine wesentliche Verlagerung angebahnt. Die Massenarbeit nach dem Karteisystem, die auf dem Begegnungs-prinzip beruht, d. h. die eingestellten Karteikarten von Suchenden und Gesuchten treffen sich in den Karteizentralen und ergeben so eine Findung, war im Abnehmen begriffen und machte der individuellen Einzelnachforschung, wobei in jedem Suchfall besonders erprobte und erfolgversprechende Ermittlungswege eingeschlagen wurden, immer mehr Platz. [...]

Nur aus der Sowjetunion sind keinerlei Auskünfte zu erhalten. Eine amtliche russische Auskunftsstelle besteht nicht und das sowjetische Rote Kreuz in Moskau läßt alle Anfragen unbeantwortet. Alle Bemühungen des IKRK und der Kirchen haben zu keinem Ergebnis geführt. Diese Lücke im Nachforschungssystem, die bei der großen Zahl unserer Kriegsgefangenen und Vermißten in der Sowjetunion seit jeher als besonders schmerzlich empfunden wurde, hatte zu angestrengten Bemühungen Anlaß gegeben, auf folgendem Wege Nachrichten aus der Sowjetunion zu bekommen.

Bereits 1945 wurde beim Hilfsdienst damit begonnen, aus der Gefangenschaft heimkehrende Kriegsgefangene nach ihren Erfahrungen in den einzelnen Gefangenenlagern der verschiedenen Gewahrsamsmächte zu befragen. Hierbei wurde besonders die letzte Feldpostnummer und die Nummer und geographische Lage des Kriegsgefangenenlagers festgehalten. Der Heimkehrer wurde weiter nach den Namen und Adressen von Kameraden befragt, die entweder bei den letzten Kampfhandlungen verwundet wurden oder fielen oder die später mit ihm im gleichen Gefangenenlager waren und dort starben. Besonders eingehend entwickelte sich die Befragung bei den Heimkehrern aus Sowjetrußland und es entstand hieraus die Feldpostnummern-, Gefangenenlager- und „offene Anschriften"-Kartei. Da die in den Entlassungslagern Ulm und Malmsheim erfaßten Heimkehrer jedoch meistens in Württemberg, Bayern und Baden beheimatet waren, ruhte das Schwergewicht der Karteien auf diesem Gebiet. Im Zusammenhang mit der zu erwartenden verstärkten Entlassung der deutschen Kriegsgefangenen im Jahre 1948 und dem allgemeinen Bedürfnis, die beim Hilfsdienst gesammelten Erfahrungen und geschaffenen Karteien weiter auszubauen und zugänglich zu machen, machte es sich die Suchdienstarbeitsgemeinschaft für die britische und amerikanische Zone zur Pflicht, durch systematische Befragung aller Heimkehrer der beiden Zonen eine größtmögliche Erfassung aller Nachrichten über den Verbleib ehemaliger Wehrmachtsangehöriger zu gewährleisten. Um eine weitgehende Auswertung der so erhaltenen Nachrichten und ihre einheitliche Bearbeitung zu erreichen, ist von der Suchdienstarbeitsgemeinschaft der Hilfsdienst auf Grund seiner Pionierarbeit mit der Einrichtung der „Sammelstelle für Heimkehrernachrichten" betraut worden. Im einzelnen ist hierzu noch zu bemerken:

Bei der „Sammelstelle für Heimkehrernachrichten" fließen sämtliche Heimkehrernachrichten aus den Westzonen zusammen. Nach einem genau ausgearbeiteten Verfahren werden die Heimkehrer befragt und ihre Angaben in „Heimkehrererklärungen" festgehalten. Die Befragung bezieht sich darauf, ob sie über Todesfälle, die während des Krieges oder in der Gefangenschaft eingetreten sind, und über vermißte und noch in der Gefangenschaft befindliche Kameraden und andere Personen, die noch keine Verbindung mit ihren Angehörigen haben, Angaben machen können. [...]

[...] Der weitere Ausbau der Sammelstelle, der erst nach der Heimkehr aller Kriegsgefangenen seinen Höhepunkt erreichen wird, wird auf die Vervollkommnung aller anderen Karteien des Hilfsdienstes einen wachsenden Einfluß ausüben. [...]

Quelle: BA, B 150/320.

Dokument 29

„Die Anzeige und Beurkundung von Sterbefällen ehemaliger Wehrmachtsangehöriger und Kriegsgefangener. Die Todeserklärung von Kriegs-Vermißten", Information für Heimkehrer, Nr. 18, Stuttgart 1948

Eine Frage, mit der alle deutschen Einrichtungen konfrontiert wurden, die mit den Problemen der Vermißten befaßt waren, lautete: Wie lange konnte ein Mann als vermißt geführt werden, bis er für tot erklärt werden mußte oder durfte? Die Frage erwies sich als zunehmend schwieriger, da schon im ersten Nachkriegsjahr deutlich wurde, daß von der Sowjetunion wie von den anderen östlichen Staaten keine Informationen zu erwarten waren. Dies bedeutete, daß deutsche Behörden für Hunderttausende von Soldaten, deren letztes Lebenszeichen von der Ostfront gekommen war, keine Todeserklärungen ausstellen konnten.

Die Anzeige und Beurkundung von Sterbefällen seiner Bürger regelt jeder moderne Rechtsstaat durch die Personenstandsgesetzgebung. Diese unterscheidet zwischen der Zivilbevölkerung und den Militärpersonen. Die für Zivilpersonen gültigen Bestimmungen sind in Deutschland im „Personenstandsgesetz" vom 3. November 1937 niedergelegt. (RGBl. 1937, I. Seite 1 146), für die Wehrmachtsangehörigen galten die im Krieg neu gefaßte „Personenstandsverordnung der Wehrmacht" in der Fassung der Bekanntmachung vom 17. Oktober 1942 (RGBl. 1942, I. Seite 597) und ihre Ausführungsverordnungen.

Drei Jahre nach dem Ende des zweiten Weltkriegs besitzen wir noch kein einwandfreies statistisches Material über die deutschen Verluste, die der Krieg auf dem Schlachtfeld und die Kriegsgefangenschaft, die Bombenangriffe unter der Zivilbevölkerung, die Vertreibung und Verschleppung großer Volksteile im Osten insgesamt gefordert haben. Die schon 1944 beginnende Auflösung des nationalsozialistischen Reiches und das bei Kriegsende entstandene Chaos, die inzwischen erfolgte Zerteilung in verschiedene Besatzungszonen und die Abtrennung deutscher Gebiete im Osten lassen eine genaue Ermittlung der Gesamtverluste auch in Zukunft unwahrscheinlich erscheinen.

Unendliche Sorgen bereitet vor allem das Problem der Wehrmachtsvermißten. Die um die Mitte des Jahres 1947 in der U. S.-Zone erfolgte Registrierung der Kriegsgefangenen und Wehrmachtsvermißten hat ergeben, daß mehr als 400 000 ehemalige Wehrmachtsangehörige, deren Familien in der U. S.-Zone leben, vermißt sind. Das sind mehr als 2,5 Prozent der gesamten Bevölkerung der U. S.-Zone und 5,5 Prozent ihrer männlichen

Einwohner. Licht in das Dunkel dieser Schicksale zu bringen, das Knäuel der menschlichen und rechtlichen Schwierigkeiten, die damit zusammenhängen, zu entwirren, ist eine Aufgabe, die in den kommenden Jahren nicht nur den Regierungen und Behörden, sondern allen Bürgern, besonders den ehemaligen Kriegsteilnehmern und Kriegsgefangenen, gestellt ist. Wir rufen hiermit zu dieser Mitarbeit auf.

Wie vollziehen sich Anzeige und Beurkundung von Kriegssterbefällen (Sterbefälle von Soldaten und Beamten der ehemaligen Wehrmacht, der Waffen-SS, der OT, von Krankenschwestern, Kriegsberichterstattern usw.)? Nach § 26 der Personenstandsverordnung der Wehrmacht oblag die Erstattung der Sterbeanzeige allein der „Wehrmachtsauskunftsstelle für Kriegsverluste und Kriegsgefangene" (WAST), und zwar „sobald der Tod und die Persönlichkeit des Verstorbenen auf Grund dienstlicher Ermittlungen festgestellt sind". Die Anzeigen der WAST waren an die zuständigen Standesämter zu richten, die ihrerseits die Beurkundung der Sterbefälle nach § 25 der Personenstandsverordnung der Wehrmacht, aus dem wir im folgenden zitieren, wahrzunehmen hatten:

Sterbefälle werden ohne Rücksicht darauf, ob der Tod im Inland oder im Ausland eingetreten ist, von dem Standesbeamten beurkundet, in dessen Bezirk der Verstorbene seinen letzten Wohnsitz oder gewöhnlichen Aufenthalt hatte; hatte er weder seinen letzten Wohnsitz noch seinen letzten gewöhnlichen Aufenthalt im Bezirk eines deutschen Standesbeamten, so ist der Standesbeamte des Standesamtes I in Berlin zuständig. [...]

[...] Nachdem mit der Besetzung Deutschlands praktisch alle seine Militärstellen zu existieren aufgehört hatten, wurden am 20. August 1946 durch Kontrollratsgesetz Nr. 34 sämtliche deutschen militärischen Dienststellen und Organisationen gesetzlich aufgelöst. Die WAST war jedoch ab 1. Juli 1946 unter Leitung der Groupe Français des Kontrollrats gestellt worden und erhielt den Auftrag, ihre Arbeiten, soweit sie die Anzeige von Kriegssterbefällen, die Verteilung von Nachlässen, die Mithilfe von Suchdienstfällen usw. betreffen, zu Ende zu führen. Sie wurde umgetauft in die „Deutsche Dienststelle für die Benachrichtigung der nächsten Angehörigen von Gefallenen der ehemaligen deutschen Wehrmacht, Abwicklungsstelle", Berlin-Frohnau (nachstehend „Abwicklungsstelle" genannt). Niemand, der es nicht miterlebt hat, kann sich das Durcheinander vorstellen, welches vor, bei und nach Kriegsende in Deutschland geherrscht hat, so daß es nicht verwunderlich ist, wenn drei Jahre später noch immer eine große Zahl von Wehrmacht-Sterbefällen aus dem Krieg zu behandeln ist. Hinzu kamen und kommen die Todesfälle von Kriegsgefangenen und die Aufhellung der Vermißtenschicksale. [...]

In allen Sterbefällen ehemaliger Wehrmachtsangehöriger (auch der Kriegsgefangenen), die nicht durch die Abwicklungsstelle in Berlin angezeigt, sondern auf Grund anderer Unterlagen direkt von den Standesämtern eingetragen und beurkundet werden, wird von Amts wegen eine Abschrift der Sterbeurkunde an die Abwicklungsstelle gesandt, damit dort ein Gesamtüberblick möglich wird. Der Abwicklungsstelle werden außerdem zweifelhafte Fälle, die den Standesämtern direkt angezeigt werden, von diesen zur Prüfung und weiteren Veranlassung überwiesen. Umgekehrt haben die Standesbeamten das Recht und die Pflicht, bei der Abwicklungsstelle Rückfrage zu halten und von ihr Auskünfte und Aufklärung über die der Anzeige zugrunde liegenden Unterlagen zu verlangen, sobald sie Anlaß zu irgendwelchen Zweifeln an der Richtigkeit zu haben glauben.

Menschlich wie rechtlich ist die Ungewißheit über das Schicksal von einer und einer halben Million vermißter deutscher Männer eine ungeheure Belastung für Volk und Regierung. Die Ungewißheit zermürbt uns Menschen mehr als sicheres Wissen um einen

Verlust. Rechtlich gesehen, bleiben Versicherungs- und Versorgungsansprüche sowie Erbfragen ungeregelt, neue Ehen können nicht geschlossen, Kinder nicht adoptiert werden usw., solange das Dunkel herrscht. Wir bitten daher alle Heimkehrer – besonders diejenigen aus dem Osten –, durch die Abgabe notarieller Erklärungen alle Sterbefälle feststellen zu helfen, die sie aus eigener Wissenschaft kennen und die infolge des Chaos gegen Kriegsende oder, soweit es sich um Kriegsgefangene handelt, durch die Gewahrsamsmacht nicht gemeldet worden sind. Die Suchdienst-Arbeitsgemeinschaft der freien Wohlfahrtsverbände verteilt im übrigen an alle aus Kriegsgefangenschaft in die Westzonen zurückkehrenden Deutschen, besonders aber an die aus dem Osten Kommenden, vorgedruckte Bogen mit der Bitte, darauf Auskunft über Leben und Tod von vermißten Kameraden zu geben („Heimkehrerbefragung"). Alle ausgefüllten Vordrucke, die Meldungen über Sterbefälle auf dem Schlachtfeld oder in Gefangenschaft enthalten, werden sorgfältig geprüft, durch Befragung der Angehörigen ergänzt und, soweit es sich um bisher nicht eingetragene Sterbefälle handelt, von den zuständigen amtlichen Stellen für die Sterbeanzeige verwertet. Eine außerordentlich mühevolle Kleinarbeit, wenn man daran denkt, daß durch Evakuierung, Ausbombung und die Vertreibung aus den Gebieten östlich der Oder und Neiße Millionen und Abermillionen Deutsche ihren Wohnsitz gewechselt und verloren, und daß viele Gestorbene gar keine Angehörigen mehr haben. Aber wenn unter hundert Heimkehrerbefragungen auch nur eine zur Aufhellung eines Schicksals führt, hat diese mühevolle Arbeit ihren Sinn. Unter Umständen führt ein Augenzeugenbericht auch zum gerichtlichen Todesfeststellungsverfahren, in dem nach Anhören des Zeugen und des Staatsanwalts bei klarer Sachlage sehr rasch ein Todesfeststellungsbeschluß ergehen kann. [...]

Quelle: BA, B 150/338.

Dokument 30

„Arbeits- und Sozialrecht", Mitteilungsblatt des Arbeitsministeriums von Württemberg-Baden, Juli/August 1949

Als Hilfe für jene Personen, die Information darüber brauchten, wie die Todeserklärung für einen vermißten Angehörigen zu erreichen war, sorgte der Länderrat für die weite Verbreitung von Orientierungsmaterial.

Gewährung von Renten an Hinterbliebene von Verschollenen

„In der Unfallversicherung und in den Rentenversicherungen (Invaliden- und Angestelltenversicherung) werden den Hinterbliebenen Renten – außer bei festgestelltem Tod des Versicherten – auch gewährt, wenn der Versicherte verschollen ist. Auch das KB-Leistungsgesetz sieht die Gewährung von Verschollenheitsrente vor.

Nach dem Gesetz über die Verschollenheit, die Todeserklärung und die Feststellung der Todeszeit vom 4. 7. 1939 gilt eine Person als verschollen, wenn von ihr seit mindestens e i n e m Jahr keine glaubhaften Nachrichten eingegangen sind, auch sonst keine Tatsachen bekannt wurden, aus denen geschlossen werden könnte, daß der Vermißte noch lebt. Bei Personen, die im Osten vermißt werden, müssen seit dem Vermißtsein m i n d e s t e n s z w e i Jahre vergangen und außerdem besondere Tatumstände bekannt sein, aus denen mit Wahrscheinlichkeit auf das Ableben des Vermißten zu schließen ist. Für Kriegsgefangene im Osten, die sich zwar ein oder mehrere Male seit der Besetzung gemeldet hatten, von denen aber jede weitere Nachricht ausblieb, wird Hinterbliebenenrente gewährt, wenn insgesamt d r e i Jahre seit dem letzten Lebenszeichen des Vermißten vergangen sind. Um in den Genuß der Verschollenheitsrente zu gelangen, wenden sich die Hinterbliebenen an die Ortsbehörde für Arbeiter- und Angestelltenversicherung (Bürgermeisteramt), an das Versicherungsamt oder unmittelbar an die für ihren Wohnsitz zuständige Landesversicherungsanstalt. Sie müssen eine eidesstattliche Erklärung abgeben,

a) wann das letzte Lebenszeichen von dem Verschollenen eingegangen ist,
b) wann die letzte Lebensnachricht von anderer Seite über ihn eingegangen ist,
c) daß ihnen keine Tatsachen bekannt sind, aus denen geschlossen werden könnte, daß der Vermißte noch lebt.

Eine formelle Todeserklärung ist für die Gewährung der Verschollenheitsrente nicht erforderlich.

Über jede etwa von den Verschollenen eintreffende Nachricht oder jede Lebensnachricht von anderer Seite haben die Angehörigen sofort der rentenzahlenden Stelle (Landesversicherungsanstalt) Mitteilung zu machen. In allen Zweifelsfragen, die sich aus den vielseitigen Bestimmungen der Sozialversicherung sowie dem KB-Leistungsgesetz ergeben, erteilen die Bürgermeisterämter, Versicherungsämter und die Landesversicherungsanstalten in Stuttgart und Karlsruhe nähere Auskünfte."

Quelle: BA, B 150/233 Heft 2.

Dokument 31

„Nachrichten aus Rußland", Bayerische Landesarbeitsgemeinschaft für Kriegsgefangenenfragen an den Länderrat (Herrn Mugdan) und an die Suchdienst-Zonenzentrale München (Herrn Hailer), 8. Februar 1948

Die Korrespondenz zwischen deutschen Ämtern, die mit Fragen der vermißten Wehrmachtsangehörigen befaßt waren, konzentrierte sich auf jene Männer, die von ihren heimkehrenden Kameraden als tot gemeldet worden waren. Einige der Probleme, die sich bei der Weitergabe solcher Informationen ergaben, sind in dem folgenden Schreiben geschildert.

Es mehren sich die Fälle, daß Rußlandheimkehrer im Auftrage im Lager zurückgebliebener Kameraden Todesnachrichten überbringen und den Angehörigen des Verstorbenen die Adresse des im Lager zurückgebliebenen Melders geben. Es liegt nahe, daß die Angehörigen versuchen, sich an diesen Melder zu wenden, um von ihm Näheres über den Tod ihres Angehörigen zu erfahren.

Wir wurden von einem Heimkehrer darauf aufmerksam gemacht, daß der also Angeschriebene dadurch in schwere Gefahr käme. Es sei den Gefangenen unter Androhung schwerster Strafen verboten, irgendwelche Nachrichten über Todesfälle oder sonstige Lagerverhältnisse bekanntzugeben. Es müsse deshalb jeder Schriftwechsel, aus dem ersichtlich ist, daß Nachrichten dieser Art nach Deutschland gelangt sind, unter allen Umständen unterbleiben.

Größte Vorsicht sei auch geboten, wenn Heimkehrer Grüße zurückgebliebener, die noch nicht geschrieben haben, den Angehörigen überbringen. Hier soll erst dann geschrieben werden, wenn man den Heimkehrer befragt habe, ob die Zurückgebliebenen schreiben und Post erhalten dürfen.

Niemals aber dürfte dem Gefangenen mitgeteilt werden, daß man wisse, wo er ist.

Wir bitten Sie, dafür Sorge zu tragen, daß diese Aussagen so bald wie möglich zur Kenntnis aller Caritasverbände in Bayern gelangen. Der Hilfsdienst in Stuttgart und der Caritasverband Freiburg i. Br. sind verständigt.

Quelle: BA, B 150/338.

Dokument 32

Amerikanische Demarche bei der sowjetischen Regierung, 3. Januar 1949

Nachdem sie selbst die auf der Moskauer Außenministerkonferenz übernommene Verpflichtung erfüllt hatten, die in ihrem Gewahrsam befindlichen deutschen Kriegsgefangenen bis 31. Dezember 1948 zu entlassen, wandten sich die Vereinigten Staaten mit dem Ersuchen um Aufklärung über das sowjetische Verhalten an die Regierung der UdSSR. Die Note wurde von der amerikanischen Botschaft in Moskau dem sowjetischen Außenministerium überreicht.

Text of U.S. Note to the U. S. S. R. January 3, 1949

The Embassy of the United States of America presents its compliments to the Minister of Foreign Affairs of the Union of Soviet Socialist Republics and has the honor, under instructions from its Government, to communicate the following to the Soviet Government.

In fulfillment on its commitment as a party to the agreement made at Moscow in April 1947 by the Council of Foreign Ministers, the Government of the United States has discharged all German war prisoners formerly held by it as a result of the hostilities against Germany. The United States Government has been informed by the British and French Governments that they have likewise honored their commitments under the above agreement.

The United States Government addressed an inquiry to the Soviet Government on September 23, 1948, requesting information regarding its plans to fulfill its commitment under the Council of Foreign Ministers Agreement. No reply has been received to this note nor has any information been furnished by the Soviet Government indicating it has in fact honored its commitment in this respect.

In view of the Soviet Government's failure to furnish information concerning the steps taken by it to implement the Council of Foreign Ministers Agreement, the United States Government is compelled to evaluate the Soviet Government's action on the basis of information availible from other sources. According to official statistics maintained by the Combined Repatriation Executive in Berlin, the number of war prisoners repatriated by the Union of Soviet Socialist Republics to all four zones of Germany from March 31, 1947, to March 1, 1948, totaled 252 395. Official statistics for the three western zones only for the period March 1, 1948, to December 1, 1948, show that a total of 194 972 war prisoners were returned to those zones. Therefore, on the basis of the Soviet Government's statement at the Council of Foreign Ministers in Moscow that 890 532 war prisoners were still held by the Union of Soviet Socialist Republics at that time, only some 447 367 are officially known to have been repatriated to Germany. In addition, it is estimated, on the basis of the above indicated rate of return, that approximately 21 000 war prisoners were returned to the three Western zones during December 1948.

The United States Government cognizant of its responsibilities under the Council of Foreign Ministers Agreement, requests information concerning the Soviet Government's intentions with respect to these war prisoners. The Soviet Government is no doubt aware that the Council of Foreign Ministers Agreement with respect to German war prisoners was publicly announced and failure to comply with its terms can only be interpreted by world opinion as a breach of faith. Conscious of the importance placed on the full implementation of this Agreement by the German people and humanitarian elements throughout the world, and in view of its continuing interest as a party to that agreement, the United States Government feels compelled to renew its request for specific information concerning the Soviet Government's performance during the past ten months, and its intention with respect to the future repatriation of war prisoners, including the number still to be repatriated. The United States Government is of the opinion that the Soviet Government has a continuing obligation to honor its commitment at the Council of Foreign Ministers. The United States Government simultaneously renews its earlier request for information concerning war prisoners who have died while in the Union of Soviet Socialist Republics, as expressed in the Embassy's notes No. 129 dated March 9, 1948 and No. 599 dated September 15, 1948.

Quelle: U.S. Dept. of State, Germany 1947–1949. The Story in Documents, Washington 1950, S. 119f.

Dokument 33

„Frankenpost", Hof, 1. Februar 1949

In einem Artikel über die 3,4 Millionen vermißten deutschen Soldaten machte eine Hofer Zeitung einige verblüffende Angaben. Am schockierendsten war wohl die Behauptung, das Oberkommando der Wehrmacht habe während des Krieges bei rund 500 000 Soldaten verschwiegen, daß sie gefallen waren.

Noch 3,4 Millionen Vermißte

OKW unterschlug Todesmeldungen/München gegen Zentralisation

München (So). – Nach der deutschen Kapitulation fanden amerikanische Einheiten in Saalfeld und Meiningen umfangreiches Kartei- und Aktenmaterial der Wehrmachtsauskunftsstelle für Kriegsverluste und Kriegsgefangene (WASt), das bei der Räumung Thüringens zur Auswertung nach Berlin gebracht wurde. Die Gräber- und Friedhofskartei und das Referat Nachlässe und Kriegstestamente verbleiben in Meiningen. Die Sowjets brachten diese Unterlagen zur Sichtung nach Weimar und errichteten in Berlin in der Kanonierstraße eine allgemeine Suchdienstzentrale. Zwei weitere Zentralen wurden 1945 in München und Hamburg geschaffen, die in diesen Tagen mit dem Sitz in Hamburg zusammengelegt werden sollten. München betreut 9,5 Millionen Karteikarten mit 224 Angestellten und Hamburg 11,5

Millionen Karten mit 440 Angestellten. Durch den süddeutschen Föderalismus wird jedoch dieser Plan zur Zentralisation ernsthaft gefährdet. Eine derartige Zusammenlegung würde nicht nur eine organisatorische Vereinfachung der Suche nach den noch über 3 Millionen Vermißten darstellen, sondern auch die Erfolgsaussichten erhöhen sowie eine Beschleunigung, Leistungssteigerung und Vereinfachung der Unkosten bedeuten.

Wegen dieser Ablehnung sahen sich die Zonendienststellen veranlaßt, bereits Ende 1948 einen Teil ihrer Angestellten zu entlassen. Es bleibt daher abzuwarten, ob das Schicksal der jetzt noch Vermißten überhaupt noch aufgeklärt werden kann. Bis Mitte Dezember 1948 wurden von den drei Zentralen insgesamt 5,5 Millionen Deutsche wieder mit ihren in alle Winde zerstreuten Angehörigen in Verbindung gebracht. Trotz dieser Erfolge werden aber noch immer rund 3,4 Millionen Personen vermißt, darunter 1,6 Millionen Zivilpersonen und 32 000 Kinder, die ihre Eltern suchen. Die Zahl der vermißten Wehrmachtsangehörigen wird für das gesamte deutsche Gebiet mit 1,8 Millionen angegeben. 90 % aller Vermißten entfallen auf den Osten, 45 000 sind höchstwahrscheinlich in die Fremdenlegion gegangen.

Die aus Saalfeld nach Berlin überführten Akten hatten bei der Auswertung und Erfassung aller fraglichen Fälle unschätzbare Dienste geleistet. Dabei stellte es sich heraus, daß das OKW ungefähr 500 000 erfaßte Fälle von Gefallenen nicht bekanntgegeben hatte, um das wahre Ausmaß der Verluste zu verheimlichen.

In fünf Monaten wurden diese 500 000 Fälle bearbeitet und die Beurkundung bei den zuständigen Standesämtern veranlasst. Der für den 30. Juni 1946 vom Kontrollrat festgesetzten Vernichtung dieser deutschen Unterlagen setzte die französische Gruppe schwerwiegende Bedenken entgegen und erreichte, daß ihr das Material ausgehändigt wurde. So konnte die frühere WASt ihre Arbeit unter dem Namen „Deutsche Dienststelle für die Benachrichtigung der nächsten Angehörigen von Gefallenen der ehemaligen Deutschen Wehrmacht“ in Berlin-Frohnau wieder fortsetzen. Täglich laufen etwa 2 000 bis 3 000 Postsendungen aus dem In- und Auslande mit Einzel und Sammelmeldungen ein. Insgesamt sind 450 Angestellte zur Bewältigung der Arbeiten eingesetzt, die in enger Zusammenarbeit mit den Zonensuchdiensten, sowie mit dem Volksbund Deutsche Kriegsgräberfürsorge tätig sind. Die Zentralkartei enthält rund 17 Millionen Karteikarten, und daneben sind die vollständigen Erkennungsmarkenlisten und die Liste sämtlicher Feldpostnummern vorhanden. Nach diesen Unterlagen betrug die Zahl der Wehrmachtsangehörigen einschließlich Wehrmachtsgefolge während der fünf Kriegsjahre über 20 Millionen.

Nach vorsichtigen Schätzungen ist mit vier bis fünf Millionen Gefallenen zu rechnen. Bis zum Kriegsende waren von der ehemaligen Wehrmacht rund zwei Millionen Gefallenenmeldungen bearbeitet und angezeigt worden, nach 1945 etwa eine weitere Million Fälle erledigt, so daß sich noch eine Differenz von ein bis zwei Millionen ergibt. Die Sowjetunion hat als einziger Staat bisher weder Gefallenen- noch Gräbermeldungen an das Internationale Rote Kreuz gegeben. Wenn sie die auf dem Schlachtfelde Gefallenen und die in der Gefangenschaft Verstorbenen bekanntgeben würde, könnten Vermißtenmeldungen geklärt werden, und die Zahl der angeblich in russischer Gefangenschaft Befindlichen würde vermutlich wesentlich geringer sein. Jedoch wird von fast allen aus Rußland zurückkehrenden Kriegsgefangenen bestätigt, daß weder bei der Gefangennahme Namenlisten angelegt, noch die auf den Hungermärschen nach Rußland oder in den Lagern Verstorbenen von russischer Seite identifiziert wurden. Daher wird wohl über das Schicksal von einer Million ehemaliger deutscher Soldaten niemals Klarheit geschaffen werden.

Quelle: BA, B 150/344/A.

Dokument 34

„Das Schicksal der deutschen Kriegsgefangenen in der Sowjetunion", im Auftrag und mit Unterstützung des Ausschusses für Kriegsgefangenenfragen beim Länderrat des amerikanischen Besatzungsgebiets verfaßt vom Deutschen Büro für Friedensfragen in Stuttgart, April 1949

Schon sehr früh in der Nachkriegszeit war eine Anzahl jener deutscher Beamter, die mit dem Kriegsgefangenenproblem zu tun hatten, nicht nur bemüht, der Bevölkerung die notwendigen Informationen zu verschaffen, sondern auch durchdrungen von dem Gedanken, die Erlebnisse der Kriegsgefangenen als historischen Vorgang zu überliefern. Es war vorgesehen, eine Reihe von Studien zu erarbeiten, die diese Absicht verwirklichen sollten. Zwar ist das Vorhaben nie aufgegeben und schließlich von Professor Dr. Erich Maschke und seinen Mitarbeitern in den 22 Bänden der Serie „Zur Geschichte der deutschen Kriegsgefangenen des Zweiten Weltkrieges" realisiert worden. Aber in den ersten Nachkriegsjahren ist ein größeres Projekt dann doch noch nicht in Angriff genommen worden. Stattdessen entstanden kleinere Arbeiten nur für den internen Dienstgebrauch, für die ein Beispiel folgt. Bei diesen Arbeiten wurde immer deutlicher, daß ohne die uneingeschränkte Unterstützung durch die Sowjetunion die Frage nach dem Schicksal der Vermißten nicht beantwortet werden konnte.

[...] Die Anzahl der Kg, Vermißten und Heimkehrer

Es gibt keine Stelle in Deutschland, die alle deutschen Kg, Vermißten und Heimkehrer des zweiten Weltkrieges einheitlich statistisch aufgenommen hat. Amtliche Unterlagen über die Verluste an Toten, Vermißten und Gefangenen bis zur Kapitulation fehlen; bei der Wehrmachts-Auskunftsstelle (WAST) konnten nur die bis Ende 1944 eingetretenen Verluste registriert werden. Die deutschen Wehrmachtsberichte haben sich über die Verluste ausgeschwiegen; die Heeresberichte der anderen Seiten sind aus naheliegenden Gründen keine sichere Unterlage. Die Sowjetregierung hat weder Gefallenen- noch Gräbermeldungen an das IKRK gegeben. [...]

Bei den Vermißten, von denen die letzte Nachricht aus einem Orte innerhalb Deutschlands vorliegt oder deren Aufenthalt unbekannt ist, kann angenommen werden, daß sie hauptsächlich zuletzt auf dem Territorium der Sowjetunion eingesetzt waren. So stammte, wie die folgende Tabelle veranschaulicht, bei der Registrierung für Württemberg-Baden die letzte Nachricht der überwiegenden Mehrzahl der Vermißten aus den östlichen Ländern und fielen Vermißte im großen Umfange erst mit Beginn des Rußlandfeldzuges an.

Vermißte der ehemaligen Wehrmacht

Gewahrsamsland	insgesamt	davon mit letzter Nachricht bis 31.12.41	im Jahre 1942	im Jahre 1943	im Jahre 1944	vom 1.1.45 bis 8.5.45	vom 9.5.45 bis 31.12.45	vom 1.1.46 und später	ohne Angabe
Deutschland[1]	12 724	51	76	184	1 470	10 617	191	115	20
Belgien	197	2	3	7	120	63	2	–	–
Niederlande	369	8	5	10	188	156	–	2	–
Dänemark	129	1	1	1	30	90	6	–	–
Norwegen	187	4	5	8	63	100	7	–	–
England	332	13	22	43	141	95	8	9	1
Kanada	4	–	–	2	1	1	–	–	–
Ägypten	20	3	6	4	5	–	1	–	1
Australien	1	–	1	–	–	–	–	–	–
Frankreich	3 417	47	31	85	2 579	584	37	46	8
franz. Afrika	60	5	11	31	11	–	1	1	–
übr. Afrika	137	17	46	61	9	2	–	–	–
Griechenland	249	16	6	33	167	27	–	–	–
Italien	1 609	11	36	181	641	722	11	4	3
Jugoslawien	1 347	7	3	48	632	620	16	20	1
Österreich	955	6	4	11	136	740	37	17	4
Polen	4 160	15	81	44	902	3 088	51	28	11
Rumänien	4 841	14	3	80	4 559	133	41	8	5
Sowjetunion	45 693	1 115	5 021	11 540	18 550	8 790	267	312	98
Tschechoslowakei	3 178	5	10	35	404	2 557	124	34	9
Ungarn	2 485	–	4	26	1 303	1 087	43	15	7
übrige Länder	900	5	8	29	422	423	4	8	1
übrige außereuropäische Länder	31	–	–	2	14	11	4	–	–
USA	105	–	2	6	55	34	5	2	1
übrige amerikanische Länder	5	–	–	–	4	1	–	–	–
ohne Angabe	2 108	26	31	117	534	967	37	67	329
	85 243	1 371	5 356	12 588	32 940	30 906	893	689	500

[1] Gebiet der vier Besatzungszonen

Es erscheint daher angezeigt, den Anteil des Ostraumes an den Vermißten auf rund 90 % zu veranschlagen. Dies würde für die U. S.-Zone rund 380 000 und für alle vier Besatzungszonen bei Anwendung des Registrierungsschlüssesl rund 1,5 Millionen ausmachen. Hiervon geht der Löwenanteil zu Lasten der Sowjetunion. [...]

Auf der Grundlage dieser Erhebungen erklärte der Kg-Ausschuß des Länderrats der U. S.-Zone in einer Verlautbarung vom 5. Januar 1949:

a) „Ungeklärt ist noch der Verbleib von 1,5 Millionen Vermißten, von denen die letzte Nachricht aus dem Ostraum stammt."

b) „Eine genaue Zahl der in der Sowjetunion befindlichen deutschen Kg ist nicht zu ermitteln. Unter Zugrundelegung der bei der Registrierung der Kg und Vermißten für die Länder des amerikanischen und englischen Besatzungsgebietes ermittelten Zahlen über Kg, mit denen bei der Registrierung bereits Briefverkehr bestand, dürften sich noch mindestens 350 000 deutsche Kg am 31. 12. 1948 in russischem Gewahrsam befunden haben." [...]

Das Schicksal der Vermißten aufzuklären, ist schlechterdings unmöglich. Es wird sich niemals mit Sicherheit feststellen lassen, wieviele von ihnen lebend in sowjetische Gefangenschaft gerieten und dort verschollen sind. Zu den Vermißten zählen auch alle die Gefallenen, die nicht mehr geborgen oder identifiziert werden konnten und von deren Abgang die Angehörigen nicht mehr benachrichtigt wurden. Ferner rechnet man dazu die nicht unbeträchtliche Zahl der Verwundeten, Erschöpften und Erkrankten, die gleich bei Gefangennahme verstorben sind. [...]

Quelle: BA, Z 35/489.

Dokument 35

Abschlußbericht der Landesarbeitsgemeinschaft für Kriegsgefangenenfragen, Württemberg-Baden, 30. September 1952

In einem Abschlußbericht über ihre Tätigkeit seit 1947 wies die Landesarbeitsgemeinschaft für Kriegsgefangenenfragen von Württemberg-Baden darauf hin, daß der Verbleib der vermißten Wehrmachtsangehörigen noch immer ungeklärt sei.

[...] Obwohl noch Kriegsgefangene in großer Zahl erwartet werden, kommen augenblicklich so gut wie keine Heimkehrer. Vor der UN-Kriegsgefangenenkommission, die vor kurzem in Genf tagte, hat die deutsche Delegation ein Dokument vorgelegt, nach welchem noch 1 300 000 vermißt sind, 99 856 in Kriegsgefangenschaft, davon 85 000 in der Sowjetunion. Es ist Aufgabe aller Verbände, auf die Rückkehr aller Kriegsgefangenen hinzuweisen und Aufklärung über die Vermißten zu verlangen. [...]

Quelle: BA, B 150/4409.

Dokument 36

Ein Bericht über die Vermißten und Verschwundenen aus dem Jahre 1960

Im Jahre 1960 unterhielten die Bundesrepublik Deutschland und die Sowjetunion schon seit einigen Jahren diplomatische Beziehungen, und Bundeskanzler Adenauer hatte bei seinem ersten Besuch in Moskau seine Gastgeber zu einer Erörterung des Kriegsgefangenenproblems gezwungen. Zwar führte das zur Entlassung von Tausenden von Kriegsgefangenen, die noch in der UdSSR festgehalten worden waren, aber das Schicksal der Vermißten blieb so dunkel wie zuvor.

[...] More than fifteen years have gone by since the end of the fighting in the second World War. Since 1945, the German Red Cross and the Church welfare organizations – and since 1949 the Federal Government also – have concerned themselves urgently with the problems of the missings and the prisoners-of-war. Nevertheless, it has not been possible to clear up the fate of approximately 1 200 000 members of the former German Wehrmacht who are still missing and of more than 110 000 Germans who became prisoners-of-war.

Until the setting-up of the Federal Government, P. O. W. affairs were not dealt with by any central organization. In March, 1950, therefore, the Federal Ministry for Expellees undertook throughout the Federal territory and in West Berlin a registration of prisoners-of-war and missing as a basis for a systematic examination and clarification of the matter.

At the instigation fo the Federal Government, the General Assembly of the United Nations decided to attempt to seek a settlement of the P. O. W. problem. Their Commission, set up for the purpose in 1950, was constantly fed with relevant documentary material by a German delegation. Finally, in August 1954, there were handed over documents containing the names of 1 156 663 members of the German Armed Forces missing in the eastern theatre of war and of 118 507 P. O. W. s notified as being held in the Soviet Union, Czechoslovakia and Poland. [...]

The fate of Germans missing or vanished as a result of the events of the war is still a matter for clarification. [...]

Quelle: Germany Reports, Introduction by Konrad Adenauer. The Press and Information Office of the Federal Government (Hrsg.) Wiesbaden ^{3}1961, S. 33, 75.

Quellen und Literatur

I. Ungedruckte Quellen

1. Bundesarchiv, Koblenz
   - Z 1 Länderrat (U. S.-Zone)
   - Z 2 Der Zonenbeirat (Britische Zone)
   - Z 35 Deutsches Büro für Friedensfragen
   - B 106 Bundesministerium des Innern
   - B 150 Bundesministerium für Vertriebene, Flüchtlinge und Kriegsgeschädigte
   - Nachlaß James K. Pollock
   - Nachlaß Erich Roßmann
2. Bundesarchiv-Militärarchiv, Freiburg i. Br.
   - B 205 Sammlung zur Geschichte deutscher Kriegsgefangener aus dem 2. Weltkrieg
3. Parlamentsarchiv des Deutschen Bundestags, Bonn
   - BZ 1 Der Zonenbeirat (Britische Zone)
4. Public Record Office, London
   - War Office 32/11121, 32/11132
5. Privatsammlung von Frau Dr. Margarethe Bitter, München (= Bitter-Papiere)

II. Gedruckte Quellen

Akten zur Vorgeschichte der Bundesrepublik Deutschland, 1945–1949, hrsg. vom Bundesarchiv/Institut für Zeitgeschichte, Bd. 1–5, München/Wien 1976–1983

Dokumente zur Deutschlandpolitik, hrsg. vom Bundesministerium für Gesamtdeutsche Fragen, Reihe 3, Bd. 1, Frankfurt a. M. 1961

Foreign Relations of the United States, 1929, vol. I, Washington 1943

Foreign Relations of the United States, 1944, vol. I., Washington 1966

Foreign Relations of the United States, The Conference at Quebec 1944, Washington 1972

The Geneva Convention Relative to the Treatment of Prisoners of War, Washington 1970

Germany Reports, The Press and Information Office of the Federal Government (Hrsg.), Introduction by Konrad Adenauer, Wiesbaden [3]1961

Kimball, Warren (Hrsg.), Churchill and Roosevelt. The Complete Correspondence, Princeton 1984

Monthly Reports of the Military Governor, Military Government of Germany, U. S.-Zone, 1945–1947

Report of the International Committee of the Red Cross on its Activities during the Second World War, September 1, 1939–June 30, 1947, 3 Bde., Genf 1948

U. S. Dept. of State, Germany, 1947–1949. The Story in Documents, Washington 1950

United States, Occupation Forces in Europe Series, 1945-1946. Office of the Chief Historian, European Command, Frankfurt a. M., Germany 1947

United States, Senate, Communist Treatment of Prisoners of War, Washington 1972

U. S. Army, European Theater of Operations (ETO), Disarmament and Disbandment of the German Armed Forces, Frankfurt a. M. (Office of Chief Historian, European Command) 1947

III. Interviews und Briefe an den Autor

Dr. Margarethe Bitter, München, vom 14. Juni 1982

Marion Engbarth, Mönchengladbach, vom 10. Februar und 8. Mai 1990

Hans P. Kürten, Friedensmuseum Brücke von Remagen, vom 30. August und 10. Oktober 1990

Erwin Mörsen, Rheinberg, vom 7. September 1990

Dr. Klaus Schäfer, Andernach, vom 7. September 1990

Gertrude M. Schuster, Bad Kreuznach, o. D.

Marion Seltmann, Sinzig, vom 31. August 1990

Hans J. Zahn, Bingen am Rhein, vom 11. September 1990

IV. Zeitungen

Frankenpost

Frankfurter Allgemeine Zeitung

Neues Deutschland

The New York Times

Süddeutsche Zeitung

V. Literatur

Bacque, James, Der geplante Tod. Deutsche Kriegsgefangene in amerikanischen und französischen Lagern 1945–1946, Frankfurt a. M./Berlin 1989

Boehme, Kurt W., Die deutschen Kriegsgefangenen in sowjetischer Hand. Eine Bilanz, in: Zur Geschichte der deutschen Kriegsgefangenen des Zweiten Weltkriegs, hrsg. von Erich Maschke, Bd. VII, München 1966

Ders., Die deutschen Kriegsgefangenen in amerikanischer Hand. Europa, in: Zur Geschichte der deutschen Kriegsgefangenen des Zweiten Weltkriegs, hrsg. von Erich Maschke, Bd. X, 2, München 1973

Byrnes, James F., Speaking Frankly, New York 1947

Como, Alois, Chronik des Dorfes Dietersheim, Dietersheim 1952

Dos Passos, John, Tour of Duty, Boston 1946

Härtel, Lia, Der Länderrat des amerikanischen Besatzungsgebietes, Köln 1951

Haffke, Jürgen / Koll, Bernhard (Hrsg.), Sinzig und seine Stadtteile – gestern und heute, Sinzig 1983

Hegen, Franz-Josef (Hrsg.), Andernach. Geschichte einer rheinischen Stadt, Andernach 1988

Janssen, Heinz, Erinnerungen an eine Schreckenszeit. Rheinberg 1933–1945–1948, Rheinberg 1983

Kürten, Hans Peter, Kriegsgefangen in Remagen. Die Geschichte des Kriegsgefangenenlagers und der „Schwarzen Madonna" von Remagen, Remagen ²1989

Maschke, Erich, Die deutschen Kriegsgefangenen des Zweiten Weltkrieges. Eine Zusammenfassung, in: Zur Geschichte der deutschen Kriegsgefangenen des Zweiten Weltkriegs, hrsg. von Erich Maschke, Bd. XV, München 1974

Nothnagel, Kurt, Die „Dienststelle Fritsch". Ein Beitrag zur Geschichte der Versorgung der entwaffneten deutschen Wehrmachtsangehörigen in der amerikanischen Besat-

zungszone, 1945–1947, in: Militärgeschichtliche Mitteilungen H. 21 (1977), S. 53–75
Peterson, Edward N., The American Occupation of Germany. Retreat to Victory, Detroit 1977
Pollock, James K., The Government of Greater Germany, New York 1938
Ross, William F./Romanus, Charles F., The Quartermaster Corps. Operations in the War against Germany, Washington 1965
Schuster, Gertrude Maria, Die Kriegsgefangenenlager Galgenberg und Bretzenheim, Bad Kreuznach 1985
Smith, Jr., Arthur L., Churchills deutsche Armee. Die Anfänge des Kalten Krieges, Bergisch Gladbach 1978
Ders., Heimkehr aus dem Zweiten Weltkrieg. Die Entlassung der deutschen Kriegsgefangenen, Stuttgart 1985
Ders., Feindbild Deutschland. Die politische Erziehung der amerikanischen Soldaten im Zweiten Weltkrieg, in: Günter Wagenlehner (Hrsg.), Feindbild. Geschichte – Dokumentation – Problematik, Frankfurt a. M. 1989
Ders., „Der geplante Tod?“, in: Karl Dietrich Bracher/Manfred Funke/Hans-Peter Schwarz (Hrsg.), Deutschland zwischen Krieg und Frieden. Düsseldorf 1991, S. 108–116
Thomas, Hansheinrich/Hofmeister Hans, Das war Wickrathberg. Erinnerungen aus den Kriegsgefangenenlagern des Rheinlandes, Minden 1950
Wilhelm, René-Jean, Can the Status of Prisoners of War Be Altered?, Genf 1953
Ziemke, Earl, The U. S. Army in the Occupation of Germany 1944–1946, Washington 1975

Abkürzungen

AG	Adjutant General
BA	Bundesarchiv
BA-MA	Bundesarchiv-Militärarchiv
BT-PA	Parlamentsarchiv des Bundestages
DEF	Disarmed Enemy Forces
DEFE	Disarmed Enemy Forces Enclosure
DP	Displaced Person
EAC	European Advisory Commission
ETOUSA	European Theater of Operations, USA
GLC	German Labor Company
ICRC	International Committee of the Red Cross
IKRK	Internationales Komitee des Roten Kreuzes
LAG	Landesarbeitsgemeinschaften
OKW	Oberkommando der Wehrmacht
OMGUS	Office of Military Government, U. S.
OT	Organisation Todt
POW	Prisoner of War
POWD	Prisoner of War Division
PRO	Public Record Office
PWC	Prisoner of War Camp
PWTE	Prisoner of War Temporary Enclosure
RGCO	Regional Government Coordinating Office
SEP	Surrendered Enemy Personnel
SHAEF	Supreme Headquarters, Allied Expeditionary Forces
TSFET	Transferred European Theater
UNRRA	United Nations Relief and Rehabilitation Administration
USFET	United States Forces, European Theater
VdK	Volksbund deutsche Kriegsgräberfürsorge
WAST	Wehrmachtsauskunftsstelle für Kriegsverluste und Kriegsgefangene
WK	Wissenschaftliche Kommission
WO	War Office
ZI	Zone of Interior (U. S.)

Personenregister

Schriftenreihe der Vierteljahrshefte für Zeitgeschichte

Herausgegeben von Karl Dietrich Bracher, Hans-Peter Schwarz, Horst Möller

Band 55
Anfangsjahre der Bundesrepublik Deutschland
Berichte der Schweizer Gesandtschaft in Bonn 1949-1955.
Herausgegeben von Manfred Todt.
1987. 187 Seiten.

Band 56
Nikolaus Meyer-Landrut
Frankreich und die deutsche Einheit
Die Haltung der französischen Regierung und Öffentlichkeit zu den Stalin-Noten 1952.
1988. 162 Seiten.

Band 57
Italien und die Großmächte 1943-1949
Herausgegeben von Hans Woller.
1988. 249 Seiten.

Band 58
Helga A. Welsh
Revolutionärer Wandel auf Befehl?
Entnazifizierungs- und Personalpolitik in Thüringen und Sachsen (1945-1948)
1989. 214 Seiten.

Band 59
Die Deutschnationalen und die Zerstörung der Weimarer Republik
Aus dem Tagebuch von Reinhold Quaatz 1928-1933
Herausgegeben von Hermann Weiß und Paul Hoser.
1989. 264 Seiten.

Band 60
Andreas Wilkens
Der unstete Nachbar
Frankreich, die deutsche Ostpolitik und die Berliner Vier-Mächte-Verhandlungen 1969-1974.
1990. 213 Seiten.

Band 61
Zäsuren nach 1945
Essays zur Periodisierung der deutschen Nachkriegsgeschichte.
Herausgegeben von Martin Broszat.
1990. 183 Seiten.

Band 62
Elisabeth Chowaniec
Der „Fall Dohnanyi" 1943-1945
Widerstand, Militärjustiz, SS-Willkür
1991. 228 Seiten.

Band 63
Wolfgang Buschfort
Das Ostbüro der SPD
Von der Gründung bis zur Berlin-Krise
1991. 142 Seiten.

Band 64
Christian Jansen/
Arno Weckbecker
Der „Volksdeutsche Selbstschutz" in Polen 1939/40
1992. 243 Seiten.